ভালো থাকাটা কি খুব কঠিন?

মমিনুল আমিন

ISBN 979-888569157-4

পিতা ও মাতা

বিষয়বস্তু

অনুক্রমণী

আমরা আমাদের সর্বোচ্চ চেষ্টা করেছি আপনাদের সামনে এ বইটিতে তুলে ধরার জন্য। আশা করি আপনাদের বইটির ভালো লাগবে। যদি বইয়ের কোন অংশ আপনাদের দুটি মনে হয়, তাহলে অবশ্যই আমাকে জানাবেন আমি যথাসাধ্য চেষ্টা করব সংশোধন করে নেওয়ার জন্য।

ভূমিকা

আমি আসলে পড়াশোনা করতে খুব একটা বেশি পছন্দ করি না। কিন্তু যেদিন থেকে সত্যিকার অর্থে শিক্ষার মর্ম বুঝেছে, সেদিন থেকে প্রতিনিয়ত আমি লেখালেখি শুরু করেছি। চিঠি এই উদ্দেশ্যে আমি বইটি লিখেছি, যে যে মানুষগুলো অন্তত ভালো থাকতে চেষ্টা করে। এবং নিজের আশেপাশের মানুষ গুলোকে ভাল রাখতে চেষ্টা করে অন্তত সেই মানুষগুলোকে একটু হলেও সাহায্য করতে পারলে নিজেকে ধন্য মনে করি। অনেক সময় আমরা আমাদের সাথে থাকা মানুষগুলোর সাথে কারণে অকারণে অনেক সময় ছোট একটি বিষয় নিয়েও সম্পর্কগুলোকে ছিন্ন করে ফেলি। আর আমি এই জন্য এই বইটি লিখেছেন কে কিভাবে আমরা আমাদের ভালো সম্পর্ক গুলোকে হারিয়ে ফেলেছি। আশা করি আপনারা আমাকে সকলে দোয়া করবেন যাতে এই ধরনের আরও আমি বই লিখতে পারি।

মমিনুল আমিন

MOMINUL AMIN

PROFILE

Book writter, motivational speaker, ethical hacker, you tuber,app creater, website developer etc
Date of birth=12/12/2001

Our another book

Contact us

Facebook= @mominul_amin
The MOMI
@iwayofhaven
Instagram=@mominul_amin
@the__momi
@momi_universe
Twitter=@the__momi
@mominul_amin
Email=workwiththemomi@gmail.com

স্বীকার

প্রস্তাবনা

Mominul Amin

1

লেখকএর কিছু কথা

বইটা কেন লিখলাম? বইটা কাদের জন্য? বইটা কেন পড়া উচিত? এই প্রশ্নগুলোর উত্তর দেওয়ার আমি চেষ্টা করব। কিছু কথা আপনাদের শেয়ার না করলে হয়তো আমার একটু কেমন লাগতো। তাই আমি কথাগুলো আপনাদের সঙ্গে শেয়ার করছি। আসলে আমি চাই যে এই কথাগুলো আপনার শুনুন। প্রথমে বইটার নাম এটা কেন এটা আমি নিচে সুন্দর ভাবে গল্পটা বলেছি যে কেন বইটার নাম এটা দিয়েছি। তো প্রথমে আমি বেশ কিছু দিন থেকে ভাবছিলাম একটা বই লিখবো। প্রথমে বেশ কিছু বিষয় নিয়ে লেখার কথা ভাবছিলাম। কখনো ভাবছিলাম কোন একটা রোমান্টিক গল্প লিখব। কিন্তু আবার মনে হল রোমান্টিক গল্প কি আমার সত্যি লেখা উচিত। তারপর ভাবলাম হয়তো একটা ইথিক্যাল হ্যাকিং নিয়ে বই লিখবো। সেটাও 10 পাতা মতো লিখেছি। তারপর আর লেখা হয়নি। লিখব লিখব করে প্রায় চার থেকে পাঁচ মাস এমনি পার করে দিই। তারপর এক রাতে আমি সিদ্ধান্ত নিলাম যে একটা নতুন বই লিখবো। যেটা আমাদের সবারই কাজে আসবে। আর সেই থেকে লিখে ফেললাম 'ভালো থাকাটা কি খুব কঠিন?'। প্রথমে যখন লিখতে শুরু করি তখন ভেবেছিলাম যে 200 থেকে 300 পাতা এমনি লিখে ফেলবো। কিন্তু যখন লিখতে বসি তখন 10 পাতা লেখার পর মনে হল যে আমার যতগুলো আইডিয়া মাথার মধ্যে ছিল সবগুলি 10 পাতায় লিখে ফেলেছি। তখন আমার মনে হল অন্য বই গুলোর মত এই বইটা হয়তো লেখা হবে না। তারপর আমি এটা নিয়ে খুবই চিন্তিত ছিলাম। কারন অনেকদিন থেকেই লিখব লিখব লিখব লিখব করে লিখতে পারছিলাম না। তারপর সিদ্ধান্ত নিন সব কাজ বন্ধ করে আগে বই লিখব। আর সঙ্গে সঙ্গে সিদ্ধান্ত নিয়ে ফেললাম যে আমার সমস্ত ফোন, আর সোশ্যাল মিডিয়া থেকে সম্পূর্ণ কিছুদিনের জন্য আমাকে বিরতি নিতে হবে। এবং আমার সমস্ত ফোন গুলো আমি সুইচ অফ করে দিলাম। তারপর মোটামুটি 14 দিন আমি সম্পূর্ণ পৃথিবীর মানুষ থেকে আলাদা এ ছিলাম। একটা ঘরে আবদ্ধ থাকতাম। এর মাঝে প্রায় একশরও বেশি বিভিন্ন লেখকের এর বই পড়ে ফেলেছিলাম। আমার ভাবতে অবাক লাগছে মাত্র 14 দিনে তা আমি করেছি। হয়তো আমাকে যদি কেউ 365 দিন ও দিয়ে দিত তাহলে হয়তো আমি এতগুলো

বই পড়ে কখনো শেষ করতে পারতাম না। হয়তো দৃঢ় প্রতিজ্ঞ হওয়ার জন্য পেরেছি। সবচেয়ে যারা আমাকে দেখে অবাক হয়েছে তার আমার বাবা-মা। তার আমাকে সবসময় দেখতো যে আমি ফোন নিয়ে ব্যস্ত আছি। কিন্তু হঠাৎ করে আমি 14 থেকে 15 ঘন্টা পড়াশোনা করছি তাদের কাছে

এটা তারা দেখা সবচেয়ে আশ্চর্য একটা বিষয় ছিল। আমাকে নিজেকেও আশ্চর্য লাগছিল। এখান থেকে আমি যেটা বুঝি সেটা হচ্ছে যে আমরা যদি করবো করবো করি তাহলে হয়ত আমরা কখনই সেই কাজটা করতে পারব না। কিন্তু আমরা যদি দৃঢ় প্রতিজ্ঞ হয়ে পড়ি আর ভাবি এটা আমরা করবোই। তাহলে অবশ্যই তা আমরা কমপ্লিট করব। এই প্রথম আমি রাতদিন সবসময় একটিভ ছিলাম, মানে যখনই আমার কোন নতুন তথ্য মনে পড়ছে সঙ্গে সঙ্গে সে খাতায় নোট করছিলাম। আর দিনের শেষে সেটা লিখে ফেলেছিলাম। এভাবে করতে করতে প্রায় 150 পাতা লিখে ফেললাম। মানে আমাকে ভাবতে অবাক লাগছে যে আমার মাথার মধ্যে 150 পাতা বার হয়ে এসেছে। সত্যিই আশ্চর্য।

আমি বলব না যে আপনারা এই বইটা পড়লে পৃথিবী বদলে দিতে পারবেন। কিন্তু যেটা আমি বলব সেটা হচ্ছে এই বইটা পড়লে আপনারা একটু হলেও নিজেকে বদলাবে। একটু হলেও আপনার চিন্তাধারার পরিবর্তন ঘটবে। বইটাতে লেখা অনেক বিষয় গুলি আমি নিচে অনুভব করে তা লিখেছি। আর আমি একজন অভিজ্ঞ লেখক না। আমি সাহিত্য নিয়েও কখনো পড়াশোনা করিনি, তাই আমার সাহিত্য নিয়ে অত জ্ঞান নেই, কারন আমি একজন সাইন্সের স্টুডেন্ট। তাই লেখার মাঝে যদি কোথাও কোনো জায়গায় ভুল থাকে তাহলে অবশ্যই আমার সোশ্যাল মিডিয়া গুলোতে জানাবেন সেগুলো আমি শুধরে নেওয়ার চেষ্টা করব। আর আমি খেয়াল রাখব যে এ ধরনের ভুলগুলো যেন আর না হয়। এটা আমার প্রথম বই তাই সেই ভাবে আমার অভিজ্ঞতা নেই। আমার উদ্দেশ্য বই বিক্রি করে পয়সা ইনকাম করা নয়। তাই আপনারা চাইলে এ বইটাকে যেকোনোভাবে ডাউনলোড করে পড়তে পারেন। আপনারা পড়লে আমি খুশি হব। কারন আমার উদ্দেশ্য হচ্ছে আপনারা এই বইটা পড়ে যদি আপনাদের জীবনে বিন্দুমাত্র

পরিবর্তন আনতে পারেন তাহলে আমি নিজেকে খুব সৌভাগ্যবান মনে করব। যে আমি আপনার কাজে আসতে পেরেছি। আমার এই বইটি লেখার পেছনে কোন থারাপ উদ্দেশ্য নেই। কেন আমার মনে হয়েছিল যে হয়তো এই ধরনের একটা বই আপনাদের পড়া দরকার। হয়তো এই বইটা পড়লে আপনি ভালো থাকতে শিখে যাবে। নিজেকে সময় দিতে শুরু করবেন।

আমরা সবসময়ই আশেপাশের লোকেদেরকে বদলানোর চেষ্টা করি কিন্তু যদি আপনি বইটা পড়েন তাহলে হয়তো আপনি আগে নিজেকে বদলাতে শুরু করবেন। কারন আমি নিজেকে আগে বদলালে তবেই আশেপাশের লোক এবং পৃথিবীতে বদলাতে পারি।

আমি এই বইটা হয়তো 14 দিনে কমপ্লিট করেছি এটা ঠিক কিন্তু এই বইটা লেখার পেছনে আছে আমার 18 বছরের অভিজ্ঞতা। নিজের সাথে ঘটে যাওয়া ঘটনাগুলো থেকে শিক্ষা নিয়ে আমি এই বইটি লেখার চেষ্টা করেছি। আমি জানিনা যে বইটা আপনাদের কেমন লাগবে তবে আশা করি ভালোই

লাগবে।

আমি আমাদের জীবনের ছোট ছোট বিষয়গুলি নিয়ে কথা বলার চেষ্টা করেছি, আমি জানিনা যে কথাগুলো আমি ঠিক কতটা আপনাদের মাঝে তুলে ধরতে পেরেছি। কিন্তু আমি আমার দিক থেকে যথাসাধ্য চেষ্টা করেছি।

আমাদের পড়াশোনা থেকে ভালোবাসা পর্যন্ত প্রত্যেকটা বিষয়ের উপর একটু একটু করে আপনাদের বোঝানোর চেষ্টা করেছি, যাতে আমরা আমাদের জীবনের সঠিক উদ্দেশ্য খুঁজে বার করতে পারি। কারণ জীবনটা আমাদেরই তাই আমাদের উদ্দেশ্য আমাদের কে বার করতে হবে।আর না হলে

অন্যদের হাতে দিলে আমাদের জীবনটা নিয়ে তারা খেলা করতে পারে। অনেকটা এরকম ভাবে যে আমরা আমাদের যখন প্রিয় জিনিসটা অন্যজনকে দিই তখন তাদের কাছে ওটা প্রীয়জন হয় না বরং ওটা ওদের কাছে একটা প্রয়োজন মাত্র।

আমাদের এই জিনিসগুলো কে বুঝতে হবে।

এভাবে করতে করতে আমি বইটা শেষ করে ফেললাম। আপনাদের দোয়া যদি থাকে তাহলে আমি আরো বেশকিছু বই লিখতে চাই। সেগুলো লিখে ফেলবো।

আপনারা ভালো থাকবেন নিজের খেয়াল রাখবেন।

মমিনুল আমিন

2

তুমি কেমন আছো ?

আদৌ কি তুমি ভালো আছো?

তোমার সারা দিনটা ভালো গেছে?

তুমি যাদের সাথে প্রত্যেকটা দিন অতিবাহিত করো। তারা কি তোমার কেয়ার করে?

দিনের শেষে তারা কি তোমায় জিজ্ঞাসা করে দিনটা তোমার কেমন কাটলো?

দিনের শেষে কখনো মন খারাপ হয়?

কখনো মরতে ইচ্ছে করে।?

কখনো মনে হয় যদি কাজটা করতাম তাহলে হয়তো আজ যে পরিস্থিতিতে আছো, তার চেয়ে একটু বেশি ভালো থাকতে? রাতে ঘুম আসে ঠিকঠাক। এবার ,আমার প্রতি রাগ উঠি না তো?

পৃথিবীর মানুষ গুলোকে মনে হয় না যে তারা তোমার সাথে অভিনয় করছে।

বাবা মার প্রতি রাগ ওঠেনা মনে হয় না যে তারা তাদের স্বপ্নগুলো তোমাদের মাধ্যমে পূরণ করতে চাইছে, যেগুলো তারা করতে পারে নি সেগুলো। আর এই তাদেরই স্বপ্নগুলোই তোমাদের কাছে বোঝার মতো মনে হয়।

মনে হয়নি কখনো দুনিয়াকে বদলে ফেলবে।

কখনো মনে হয়নি যে কালকে দিনটা আরো ভালো হবে।

কোন জিনিস কেনার ইচ্ছা হয়নি কখনো ,যেটা তুমি কিনতে চাও ,কিন্তু হয়তো সমর্থ জন্য কিনতে পারছো না।

সবশেষে তুমি খুশি আছো তো?

মানে ভালো আছো তো?

উপরের যে প্রশ্নগুলো করলাম তার মধ্যে যদি তোমার সাথে একটিও ঘটে থাকে বা একটির সাথে মিল থাকে,

তাহলে বইটা তোমার জন্য বা আমার কথাগুলো তোমার জন্য।

আমরা কি সমাজের কাছে খুব বেশি চাই।

নাতো?

শুধু একটু খুশি থাকতে চাই, একটু ভালো থাকতে চাই।

সেটা কি আমরা পাই।

উপরের প্রশ্নগুলোর উত্তর আমাকে দিতে হবে না, নিজে নিজে প্রশ্নগুলো করো আর নিজেকে উত্তর দাও।

দেখো যে উত্তরগুলো তুমি নিজেকে দিচ্ছ ,সেগুলো কি মন থেকে দিচ্ছ, বা যে উত্তরগুলো দিচ্ছ তাতে কি তুমি স্যাটিসফেকশন।

আশা করি না।

একটা কথা আছে না

আমি যাকে চাই সে চাই অন্য কাউকে

প্রথম কথা হচ্ছে, আমি কি সত্যিই জানি বা আমরা কি সত্যিই জানি যে আমরা কেন তাকে চাই? না তো ?

আমরা জীবনে অনেক বড় কিছু করতে চাই। বা আমরা কেউ বিজনেসম্যান হতে চাই অথবা কোন বড় ফটোগ্রাফার। তাই হয়তো আমাদের পড়াশোনা একদম মন নেই। তাই হয়তো আমাদের পড়াটা বোঝা মনে হচ্ছে তাই কি নই।

তাহলে আমরা জীবনে যা করতে চাই, তার কিছুটা কি আমরা করেছি, মানে আরো ভালো করে বললে।

বলতে চাইছি যে, আমরা জীবনে যে জিনিস গুলো করতে চাই, মানে মনে করেন আপনি ফটোগ্রাফার হতে চান?

কিন্তু আপনি কি এখন অব্দি কোন ভালো ধরনের ফটো ক্লিক করেছেন , যেটা আপনার ফটোগ্রাফার হওয়ার জন্য যথেষ্ট?

করেননি, তাই তো। তার মানে আপনি শুধু ফটোগ্রাফার হতে চান কিন্তু সেটা নিয়ে আপনি পরিশ্রম করতে চান না।

তাই নয় কি।

আর একটা কথা সব সময় বলে থাকি পৃথিবীর লোক আমাদেরকে কেউ বোঝে না ,বাবা-মা ভাই-বোন এমনকি বন্ধুরাও।

আপনি কি নিজেকে বুঝেন?

মনে হয় না।

তাইতো।

আমি এতগুলো প্রশ্ন করার মাধ্যমে আপনাকে বিভ্রান্তিতে ফেলতে চাই নি ।আমার শুধু এইটুকু উদ্দেশ্য ছিল যে আমার কথা গুলোর মাধ্যমে যদি একটু হলেও আপনি নিজেকে চিনতে পারেন।

কারণ আমরা যদি নিজেকেই চিনতে না পারি।

তাহলে দুনিয়ার লোকই আমাদের থাক চিনবে।

তাই না।

আপনি কি কাউকে ভালোবাসেন?

যদি হ্যা হয় ,তাহলে নিশ্চয়ই সে আপনাকে কখনো কখনো কষ্ট দিয়েছে বা তার কথাবার্তা অথবা তার ব্যবহার আপনাকে আঘাত করেছে।

হয়তো আপনি তাকে কথাগুলো বুঝিয়ে বলতে চেয়েছেন কিন্তু আপনার হয়তো ভয় হয়েছে।

যদি কথা গুলো বলি যে তোমার এই সমস্ত কারণগুলোর জন্য আমি আঘাত পেয়েছি তাহলে হয়তো আপনার সাথে ঝগড়া করবে।

সবচেয়ে বড়, সে ছেড়ে চলে যেতে পারে।

এই ভয় তাই না

আর যদি আপনি কাউকে ভালবেসে না থাকেন বা সহজ ভাষায় বলা যায় যে আপনি সিঙ্গেল।

আপনাকে আপনার বন্ধু মহলে সিঙ্গেল হওয়ার জন্য, আপনার বন্ধুরা হয়তো আপনার মেয়ে পটানোর যোগ্যতা নিয়ে প্রশ্ন করেছে।

তাই নয় কি।

আপনার বন্ধুর দামি গাড়ি দামি ফোন দেখে

আপনারও কি কিনতে ইচ্ছে করছে।

আর্থিক অবস্থা খারাপের জন্য হয়তো কিনতে পারছেন না।

তাই হয়তো ঈশ্বরের উপর অভিমান করে থাকেন।

যে আপনার যে বন্ধু দামি গাড়ি দামি ফোন নিয়ে ঘুরে বেড়াচ্ছে হয়তো তার চেয়েও আপনার যোগ্যতা বেশি, সে দামি ফোন বা দামি গাড়ি বহন করার জন্য।

তাই তো

আপনার কি কখনো মনে হয়েছে, যে আপনার বন্ধুরা হয়তো ভালো কলেজ পড়েছে। বা ভালই স্কুল পেয়েছে তার জন্য হয়তো সে ভালো রেজাল্ট করেছে।

আপনি সুবিধাগুলো পান নি বলে হয়ত।

আপনার রেজাল্ট টা যতটা আপনি উচ্চমানের আশা করতেন ঠিক ততটা উচ্চ হয়নি।

বোরিং লাগছে তাই নয় কি।

আরে না না আমি আপনাদের বোরিং করছি না।

শুধু আমি আপনাদের মনের মধ্যে থাকা প্রশ্নগুলোকে একবারের জন্য হলেও জাগিয়ে তুলছি।

কারণ নিজে নিজেকে প্রশ্ন করার সবচেয়ে বেশি ভালো।

আরে আমি তো ভুলেই গেছি।

আপনারা নিজে নিজেকে প্রশ্ন করবে ন কিভাবে?

কারন আপনাদের কাছে তো সময় নেই। সারাদিনমান ফোন ঘাটাঘাটির পর ,নিজের জন্য আপনারা সময় বার করতে পারেননি হয়তো।

এমনি এমনি নিজেকে প্রশ্ন করা হয় না।

সেজন্য নিজেকে একটু হলেও সময় দিতে হবে।

যে মেয়েটা কে ভালোবাসেন তার জন্য তো সারা দিন অপেক্ষা করতে পারেন।

কিন্তু দেখুন আপনি নিজের জন্য সময় বার করতে পারেনি।

তাহলে পৃথিবীর লোক তাদের সময় গুলো বার করে আপনার সাথে কিভাবে কথা বলবে।

আপনি কি মনে করেন যে আপনার এখন যে পরিস্থিতি আছে সেটা সারাজীবনে থাকবে।

মানে যদি আপনি ভালো থাকেন।

বা বন্ধুদের সাথে মজা করার মাধ্যমে সারাটা দিন পার করে দেন। আর ভাবেন যে এইভাবে সারাটা জীবন হয়তো পার হয়ে যাবে বা আপনারা পার করে দিতে পারবেন।

আর যদি আপনি খারাপ থাকেন ,তাহলে কি মনে হয় যে আপনার সারা জীবন এই ভাবে আপনি হয়তো থারাপ থাকবেন।

না বস আপনি থাকবেন না।

মনে রাখবেন পৃথিবীর প্রত্যেকটা জিনিসের বিপরীত আছে।

আর যদি আপনি ভালো থাকেন, তাহলে তৈরি থাকুন সামনের বিপদের জন্য।

আর যদি আপনি খারাপ থাকেন।

তবে নিজের মনকে সুসংবাদ দিন,

যে আপনার ভালো সময় আসতে চলেছে।

ঈশ্বরকে বিশ্বাস করেন?

যদি করে থাকেন ভালো যদি না করেন তাহলে করতে শুরু করুনি।

ঈশ্বর থাক বা না থাক আপনার মনকে তো অন্তত শান্তি দিবে।

কারণ কিছুক্ষণের জন্য হলেও তো আপনার সমস্যাগুলো ঈশ্বরের কাঁধে ফেলে দিবেন।

আরে এটাই তো দরকার।

আপনি একাইতো দুনিয়ার সমস্ত বোঝা উঠাতে পারেন না।

আরে আপনি মানুষ তো।

নিজের সমস্ত কষ্টের বোঝা থেকে, কিছুটা বোঝ না হয় আপনি কাউকে ঈশ্বর মনে করেই তার উপর কিছুটা ছেড়ে দেন।

আপনি যদি আমাকে পার্সোনালি প্রশ্ন করেন,

তুমি ঈশ্বর কে মান তো?

তবে উত্তর হবে হ্যাঁ।

আমি কিন্তু বেশ ঈশ্বর ভীরু ব্যক্তি।

আরে আমার সব সময় মনে হয় যে ঈশ্বর আমাকে দেখছেন।

যার ফলে কোন একটা খারাপ কাজ করার আগেও মনের মধ্যে প্রশ্ন উঠে ,

এ কাজটা কি করা উচিত?

যার ফলে সেই কাজটা আমি করতেই পারি না।

ঈশ্বর কিন্তু আমাকে বারণ করেনি।

কিন্তু ঈশ্বরকে ভয় করি বলেই

আমার দ্বারা কাজটা হলো না।

এখানে লাভ টা কার হল।

আমার

শুধুমাত্র ঈশ্বরকে বিশ্বাস করার ফলে।

এই আমাকে অনেকটা তান্ত্রিক ভাবতে লাগে নি তো আবার।

মোটেও ভাববে না।

আপনি কি ভাল আছেন?

৩

ভালো থাকা কি খুব কঠিন?

ভালো থাকাটা কি খুব কঠিন?

আমার তো মনে হয় না।

আসলে আমরা ঠিকভাবে হয়তো জানি না।

যে আমাদের ঠিক কতটা খুশি থাকতে হবে বা কতটা ভালো থাকতে হবে।

কারণে-অকারণে দুঃখ হয়ে পড়ি।

এই ধরুন না ,রাস্তাঘাটে চলার পথে বা কোন দোকানে আড্ডা মারার অবস্থায় ,কেউ একজন অচেনা এসে আমাদের নামে খারাপ মন্তব্য করলে আমাদের মনটা খারাপ হয়ে যায়।

কিন্তু যার কথায় আমরা মনটা খারাপ করছি। না সে আমাকে চিনে। না আমি তাকে চিনি।

তারপর ধরেন আবার।

ধরেন আপনি বিকেল বেলায় খেলতে গেলেন মাঠে।

আপনি হয়তো এই উদ্দেশ্যে খেলতে গিয়েছিলেন যে,

মাঠে গেলে শরীরটাও ভালো হবে ।একটু হালকা শরীরে বাতাস নেয়া হবে।

মাঠে গিয়ে দেখলেন কিছু ছেলে ক্রিকেট খেলছে।

আপনিও তাদের সাথে ক্রিকেট খেলতে শুরু করলেন।

হয়তো আপনি প্রথম বলেই আউট হয়ে গেলেন।

ঠিক দেখবেন তখনই আপনার মন বলে উঠবে,

আমার দ্বারা কিছু হবে না।

না, মাঠে যাওয়ার উদ্দেশ্য ছিল এটা আপনার!

না, ক্রিকেট খেলাটা আপনার লাইফ এর উদ্দেশ্য ,তাহলে ওই কথাটা বলার দরকার কি ছিল।

আপনি কোথায় মাঠে গিয়েছিলে নিজেকে ফ্রেশ করার জন্য। কিন্তু দেখেন হতাশা নিয়ে বাড়ি ফিরলেন।

এই সমস্ত চিন্তা ধারা কি সত্যি আমাদের দরকার?

আমরা আজকে সারাদিন কি পড়লাম?

কি করলাম?

কি খেলাম?

কিন্তু দেখেন তারচেয়েও বেশী আমরা এটা চিন্তা করি যে,

আজ গ্রামের কোন ছেলেটা কি করলো।

কোন ছেলেটা চাকরি পেল?

কার নতুন গার্লফ্রেন্ড হল?

কে নতুন স্মার্টফোন কিনলা?

কে নতুন বাইক কিনলে?

কে নতুন বাড়ি কিনল?

আমাদের এসব বিষয় একটু বেশি ইন্টারেস্ট তাই না।

আদৌ কি তা দরকার।

ওপরে জিনিসগুলো আমাদের কাছে নাই বলে বা যেটা আছে সেটা হয়তো সেই মানের নেই বলে।

আমরা কষ্ট পাই ,নিজেকে নিয়ে দুঃখ করি।

আপনি জানেন যাদের জন্য আপনি কষ্টে আছেন।

বা যাদের কথা আপনাকে খারাপ লাগে।

তারা দিব্যি ভালো আছে।

আসলে আমরা চাইলেই আমাদের জীবন টাকে অনেকটা নির্ণয় করতে পারি। একইভাবে আমাদের ভালো থাকাটাও সম্পূর্ণ আমাদেরই হাতে।

আমি আপনাদেরকে একটা ছোট্ট ঘটনা শোনাচ্ছি।

আমি একটু সৌখিন থাকতে পছন্দ করি। আমার কেন জানিনা, আমার প্রত্যেকটা জিনিস পারফেক্ট থাকাটা চাই। পোশাক-আশাক থেকে শুরু করে সবকিছু। তো সেই দিন আমি আমার একটা বন্ধুর সঙ্গে দেখা করতে যাচ্ছিলাম। আমি আর আমার এক বন্ধু যার নাম দেবজিৎ। আসলে আমি বাইক চালাতে জানতাম না তাই যখন আমি বাইরে যাই কেউ একজন কে সাথে নিয়ে যাই। তো যাওয়ার পথে হঠাৎ বৃষ্টি শুরু হতে লাগে। তাই গন্তব্য স্থানে পৌঁছানোর আগেই আমাদের একটা জায়গায় থামতে হয়। সেই জায়গাটায় পেছনে বাড়ির সামনে একটু বারান্দা। আর আমরা সেই বারান্দায় আমি দেবজিৎ এবং আরও একটা বৃদ্ধ লোক সাইকেলে করে সেখানে ঢুকলো। তো সেখানে একটা বস্তা ছিল আমি সেই বস্তার উপর বসলাম। আর আমার সামনে আমার বন্ধু দেবজিৎ দাঁড়িয়েছিল ও বৃদ্ধ লোকটা সে যে সাইকেলে এসেছিল সে সাইকেলটা ঠিক করছিল। বৃষ্টি পড়ছে আর চা না হলে কি হয়?

তাই আমি দেবজিৎ কে চা আনার জন্য বললাম আর সে চা আনতে গেল। তখন আমি বারান্দায় শুধু আমি আর সেই বৃদ্ধ লোকটা ছিল। হঠাৎ করে লোকটার পকেটের দিকে আমার চোখ গেল দেখলাম সেখানে 100 টাকা একটা নোট ও সাথে দুটো দশ টাকা। আর ঠিক সেই সময়ই আমার পায়ের জুতোর উপর নজর পড়লো। নিজের পায়ের দিকে তাকিয়ে নিজেকে অনেক ছোট মনে হল। মনে হল কাকে এত অহংকার দেখাচ্ছি। বা এইসব আমি কাকে দেখাচ্ছি ।

একটা মানুষের সারাদিন মানের উপার্জন আমি জুতো হিসেবে পড়ছি।

কেন জানিনা মনে হল ,সেদিন আমি আর সে বৃদ্ধ লোকটা পাশাপাশি আছি কিন্তু তা সত্বেও মনে হচ্ছে আমি আরো বৃদ্ধ লোকটা দুজন সম্পূর্ণ আলাদা দুনিয়া থেকে এসেছি। আমার কত চাহিদা কত

স্বপ্ন। আর সেই বৃদ্ধ লোকটার শুধু একটাই চাহিদা বৃষ্টিটা কখন থামবে আর সে বাড়ি যাবে। তার চোখের দিকে এবং মুখের দিকে তাকিয়ে দেখলাম না আছে কোন কষ্ট না আছে কোন দুঃখ। কিছুক্ষণের জন্য আমার কাছে থাকা প্রত্যেকটা জিনিস তার কাছে তুচ্ছ মনে হতে লাগলো। কেন জানিনা সেদিন মানুষটাকে দেখে মনে হল যেন সে আমাদের চেয়ে অনেক ধনী। সে আমাদের চেয়ে অনেক ভালো আছে।

সে কাউকে কিছু প্রমাণ করতে চাইনা। সে ঠিক যেমন তেমনি লোকের সামনে তুলে ধরতে চাই। তাতে লোক তার ব্যাপারে যেটা ইচ্ছে সেটা ভাবতে পারে। আমি নিচের দিকে তাকালাম দেখলাম আমার প্রত্যেকটা জিনিস পারফেক্ট আছে। আর সেই মানুষটার কোন জিনিসই পার্ফেক্ট ছিল না। কিন্তু সে নিজের মধ্যে নিজেকে বেস্ট মনে করে।

আর সেইদিন আমি ভালো থাকার আসল ফর্মুলাটা পেয়ে গেছি।

সত্যি আমাদের ভালো থাকার জন্য একটু হাসি থাকার জন্য আমরা যা খুঁজছি সে সমস্ত কিছুর দরকার না।

আসলে আমাদের চাহিদার কোনো শেষই নেই। আমাদের চাহিদাগুলোর শেষ নেই বলে।

আমাদের জীবনে এত সমস্যা।

আমি আসলে জানি না আমাদের ঠিক কত টাকা দরকার বেঁচে থাকার জন্য ভালো থাকার জন্য। কারণ যখন আমরা উপার্জন করতে শুরু করি সবকিছু ভুলে গিয়ে শুধু উপার্জন করতে শুরু করি। তারপর একদিন আমরা মারা যায়।

আমি বলছি না যে টাকা-পয়সার দরকার নাই আমাদের বেঁচে থাকার জন্য।

অবশ্যই আছে প্রচুর দরকার আছে।

কিন্তু আমাদেরকে তো থামতে হবে একটা সময় তাই না।

আপনি অবশ্যই চেষ্টা করুন সামনের দিকে এগোনোর জন্য কিন্তু আপনার যেটা আছে সেটা আমি কখনো ভুলবেন না।

আমরা আমাদের ভালোবাসার মানুষকে ভালো রাখার জন্য নিজে কষ্টে থাকি। অনেক সময় পরিবারকে ভালো রাখার জন্য নিজে কষ্ট থাকি।

আপনি জানেন আপনি যদি কষ্টে থাকেন তাহলে আপনার পরিবারের লোকেরা কখনোই ভালো থাকতে পারে না।

আর যারা আপনাকে কষ্ট দিয়ে ভালো আছে তার আপনার অন্তত পরিবারের লোক না।

তাই জিনিস গুলো একটু বুঝেন।

4

কত বন্ধুর দরকার?

বন্ধু বন্ধু বন্ধু

আমাদের সুখের সাথী, আমাদের দুঃখের সাথী

এমনকি আমাদের খারাপ কাজ গুলোর সাথী।

আমরা কেমন থাকবো সেটা অনেকটা হলেও আমাদের আশেপাশে বা আমাদের চারপাশে থাকা মানুষগুলোর উপর নির্ভর করে।

এটা আপনি জানেন তো।

মানে আমরা কি করবো কেমন থাকবো সেটা অনেকটাই আমাদের বন্ধুদের হাতে থাকে।

একটু অবাক লাগলেও এটা সত্যি।

আপনি হয়তো ভাবছেন আর এসব কিছুই তো আমাদের নিজেদের হাতে থাকে।

তাহলে আপনি ভুল ভাবছেন।

যেমন ধরেন আপনার চারটা বন্ধু আছে। যাদের সাথে আপনি আপনার অবসর সময় এর বেশির ভাগটাই তাদের সঙ্গে কাটান। আপনি ছাড়া তাদের প্রত্যেকের উদ্দেশ্য বলতে তেমন কিছু নেই।

তারা দিনের অধিকাংশ সময় টা নেশাগ্রস্ত অবস্থায় বা গেম খেলে কাটিয়ে দেয়।

আপনি যদি তাদেরকে কোন একটা ভালো কথা বলেন।

বা জীবনের উদ্দেশ্য সম্পর্কে কিছু বলেন, তাহলে দেখবেন তারা আপনার কথা পাত্তা দেবে না।

থাকতে থাকতে আপনারা একবার মনে হবে।

থাক ওদের সাথে গেম খেলা যাক।

এইভাবে ওদের সাথে গেম খেলতে খেলতে কখন বুঝতেই পারবেন না যে আপনার গেম নেশায় পরিণত হয়ে গিয়েছে।

বা একটা দুটো সিগারেট তাদের কাছ থেকে টান মারতে মারতে কখনো আপনিও নিজে একজন পাক্কা নেশাগ্রস্ত ব্যক্তি হয়ে গিয়েছেন।

আপনি বুঝতেই পারবেন না।

আবার ধরেন আপনার পাঁচ বন্ধু আছে। তাদের প্রত্যেকেরই জীবনের একটা উদ্দেশ্য আছে।

আপনার কোন জীবনের উদ্দেশ্য নাই। আর আপনার গ্রুপে সিগারেট বলতে শুধু আপনি খান।

তাহলে দেখবেন যে আপনার বন্ধুদের কথাবার্তা শুনতে শুনতে কখন আপনারও জীবনের উদ্দেশ্য

চলে এসেছে। ঠিক একইভাবে তারা যেহেতু সিগারেট খাইনা। তাই আপনিও তাদের সাথে থাকা অবস্থায় সিগারেট খেতে পারবেন না।

তাই আস্তে আস্তে আপনিও নেশাগ্রস্ত থেকে বেরিয়ে আসবেন।

এবার বুঝতে পারলেন তো।

যে আমরা কি হব বা আমরা কি চিন্তা করবো এটা অনেকটাই নির্ভর করছে আমাদের সাথে থাকা মানুষগুলোর উপর।

আমি এখানে কাউকে জাজ করছি না।

আমি শুধু আপনাদেরকে বাস্তবটা বুঝানোর চেষ্টা করছি। না আমি সিগারেট খাওয়া কে অপছন্দ করি, না সিগারেট কে।

আমি যা বললাম তার ভাষাটা বুঝার চেষ্টা করবেন।

এখন আবার আমরা বাস্তব মানুষ গুলোর চেয়ে বা বিকেলে বন্ধুদের সঙ্গে আড্ডা দেওয়ার চেয়ে। ফেসবুকের বন্ধুদের কে একটু বেশি সময় দিই।

তাই না।

আমরা সবসময় বলে বেড়ায়। কার কতটা ফ্রেন্ড। আজকে সে ছবিটা আপলোড করেছে। তাতে কত লাইক পড়ল। কে কি রিয়াক্ট করল। আমরা এইসব বেশি ভাবতে পছন্দ করি। কিছুদিন আগে একটা গবেষণায় জানা যায় যে একজন মানুষ ভার্চুয়াল মানুষদের সঙ্গে যতটা কথাটা বলতে পারেন বাস্তবে তার 10% পারে না।

বা ধরেন আপনার কাল আপনার মা অসুস্থ হয়ে পড়ল। আপনার ফেসবুক বন্ধু গুলো কি আসবে? অবশ্য উত্তর না হবে।

যখন জানেন যে তারা আসবে না। তাহলেকি তাদের পেছনে এতটা সময় অতিবাহিত করা সত্যিই লাভ আছে।

অবশ্যই না তাই নয় কি?

আবার আমরা বন্ধু রাগ করবে বলে সে যে এই স্কুলে বা কলেজে ভর্তি হয়। তাকে খুশি করারজন্য আমরাও ভর্তি হই।

তাতে আমাদের জীবনের লক্ষ্য যাই হোক না কেন।

আমরা যাকে তাকে যখন-তখন বন্ধু বানিয়ে ফেলি।

আমরা ভাবি বন্ধুই তো বানাচ্ছি।

কিছু সময় যাওয়ার পর দেখি সেই বন্ধু গুলোই আমাদের কে কষ্ট দেয়।

আমরা খারাপ থাকার পেছনে অনেক সময় কারণ হয়।

আমি আপনাদের বন্ধু বানাতে বারণ করছি না শুধু এটা বলছি যে একটু হলেও বোঝার চেষ্টা করুন যে আপনি কাকে বন্ধু বানাতে যাচ্ছেন।

আমি তার সাথে বংশমর্যাদা মেলাতে বলছিনা। শুধু এটুকুন বলছি কাউকে বন্ধু করার আগে বা বিশ্বাস করার আগে, একটু যাচাই করে দেখুন আপনি যাকে বন্ধু বানাতে যাচ্ছেন সে আদৌ কি আপনার উপযুক্ত।

যদি উত্তর হ্যাঁ হয় তবে অবশ্যই বানিয়ে ফেলুন।

কিন্তু যদি না হয় তবে কখনোই বানাতে যাবেন না।

আপনি হয়তো ভাবছেন আরে শুধু তো একটা বন্ধুই বানাচ্ছি। এত কিছু ভাবলে তো কারো সাথে

মিশা যাবে না। এই জন্যই তো আমি আপনাদেরকে প্রথমেই প্রশ্ন করেছিলাম যে আপনারা কি ভাল থাকতে চান?

জীবনে একটু হলেও সুখে থাকতে চান।

আর তার জন্যই আপনাকে প্রত্যেকটা জিনিস অল্প অল্প করে মানতে হবে বা মানা শুরু করতে হবে।

আপনি সেই ক্যাটাগরির লোক যারা ভালো থাকতে চাই।

আপনার হয়তো মনে হয় যে আপনি তো অল্পই চেয়েছেন। কিন্তু আপনি জানেন কি আপনি পৃথিবীর সবচেয়ে মূল্যবান জিনিস চেয়ে ফেলেছেন তা হলভালো থাকা।

আমরা অনেক সময় একা থাকতে পছন্দ করি।

বলা ভালো বর্তমান যুগ কত এগোচ্ছে ততই আমরা আস্তে আস্তে একা হয়ে পড়ছি।

আপনি যদি লক্ষ্য করে দেখেন ,তাহলে দেখবেন ,না আপনি আগের মত বন্ধুদের সঙ্গে আড্ডা মারেন, না আগের মত বন্ধুদের সঙ্গে কোথাও ঘুরতে যান, এমনকি সিনেমা হলে গিয়ে সিনেমা টা হয়তো দেখেন না, মানে যেই সেই জায়গাগুলোতে মানুষের সাথে আপনার বেশি দেখা হতে পারে ,সেই সমস্ত জায়গা গুলো আপনি যাওয়ায় হয়তো আর আগের মত পছন্দ করেন না। তার চেয়ে বেশি ঘরে ফোনের সাথে সময় কাটাতে পছন্দ করেন। এবার আপনাদের খোলাখুলি বলি। যেমন কিছু বন্ধু আমাদের জন্য খারাপ ঠিক একইভাবে একটা ভালো বন্ধু আমাদের জন্য যথেষ্ট। আমার মনে হয় না যে আপনাকে একাধিক বন্ধু তৈরি করতে হবে। আপনি যদি ঠিক ভাবে একটা ভালো বন্ধু তৈরি করে ফেলেন তাহলে যথেষ্ট।

এবার আপনি হয়তো বলবেন এখনকার দিনে ভালো বন্ধু পাওয়া খুব মুশকিল।

ভালো বন্ধু হয় নাকি?

একদম হয়।

বিশ্বাস হচ্ছে না?

যদি ধরেন আমি আপনার সাথে বন্ধুত্ব করি তাহলে কি আপনি আমার খারাপ বন্ধু।

আপনি নিজে কি খারাপ, একজন বন্ধু হিসাবে।

না তো,

তাহলে?

দেখবেন একটা কথা আমরা সব সময় শুনে থাকি যে কোন বন্ধু ভালো না। সবাই প্রয়োজন শুধু মিশে।

তাহলে আপনি ভুল ভাবছেন।

আপনি একটু নিজে ভেবে দেখুন তো, হাল্কা ভাবে চিন্তা করবেন না কিন্তু খুব গভীরভাবে ভাববেন।

আপনি নিজে যে বন্ধুগুলো সঙ্গে মেশেন।

তাদের সঙ্গে কি আপনি শুধু এমনি মেশান। খুব গভীরভাবে ভাবলে দেখবেন না মেসের না।

আপনারও দেখবেন কিছু না কিছু স্বার্থ লুকিয়ে আছে। হয়তো আপনার স্বার্থটা সামনের জনের চেয়ে ছোট। কিন্তু স্বার্থ তো আছে।

আপনি নিজে যদি স্বার্থ ছাড়া না মেশেন। তাহলে বাকিরা কি ভাবে তা করবে।

এবার পরিষ্কার করে বলি

প্রথমে আপনি ভেবে নেন যে আপনার ঠিক কজন খুব ভালো বন্ধু আছে। যারা আপনার বিপদের

সময় এককথায় ছুটে আসবে। যে কোন বন্ধুর কথা মনে করবেন না। কিন্তু শুধুমাত্র সেই বন্ধুর কথা মনে করবেন যে সব সময় আপনার এককথায় ছুটে আসে। সঙ্গে সঙ্গে এটাও মনে করবেন যে সে যেন তার কোনো স্বার্থ ছাড়াই আপনার কাছে আসে।

যদি আপনার উত্তরায় একজনের নাম হয় তাহলে আপনি খুবই একজন ভাগ্যবান ব্যক্তি। আর যদি উত্তর না হয় তাহলে এটা আপনার জন্য। বা আমি আপনার জন্য। আপনার এখন অব্দি যদি সেই ধরনের ভালো কোন বন্ধু না হয় তাহলে তার কারণটা আমি এখন বলব।

আপনি কখনো তাদের বিপদে গিয়েছেন?

তাদের কথা গুলো কখনও মন দিয়ে শুনেছেন?

তারা বিপদে পড়লে তাদের পাশে থেকেছেন?

তারা দিনের শেষে কেমন আছে জিজ্ঞাসা করেছেন?

আপনি কি এখন সুখে ছিলেন। আপনার সময় যখন ভালো ছিল। তখন তাদের কথা কখনো মনে পড়েছে?

আপনি তাদেরকে আপনার সুখের ভাগিদার বানিয়েছেন কখনো?

একটু মন দিয়ে ভেবে দেখেন। উত্তরঃ না আসবে।

মনে করে দেখেন আপনি যেগুলো করেছেন একটু সেগুলো আপনার মনে হচ্ছে এখন আপনি তো সবকিছু মন দিয়ে করেছিলেন।

অবশ্যই আপনি মন দিয়ে করেছিলেন।

কিন্তু আপনি তাদেরকে তাদের নিজের কাছের লোক করতে পারেননি।

প্রথম কথা হচ্ছে সম্পর্ক সবসময় নিঃস্বার্থ ভাবে করতে হয়। মানে আপনি যদি কারো সাথে নিঃস্বার্থভাবে মেশেন। তাহলে দেখবেন যে আপনি যার সাথে নিঃস্বার্থভাবে মেশান। সে হয়তো আপনার সাথে সেরূপ আচরণটা করছে না যে আপনি তাকে দেন। কিন্তু আপনি আর একটু মন দিয়ে ভাবুন আপনাকে দেখবেন ঠিক ঐভাবে কেউ-না-কেউ আপনার সঙ্গে নিঃস্বার্থভাবে আপনার খেয়াল রেখে যাচ্ছেন। এমনকি আপনার সব কথা শুনছেন।

একটু হাসি আসছে তাই না?

হ্যাঁ এটাই হচ্ছে আসল ট্রিক, আমরা আমাদেরকে ভালোবাসার মানুষ গুলোকে চিনতে পারিনা কিন্তু আমাদের যাঁরা অপছন্দ করে তাদের আমরা ভুলতে পারিনা। শুধু তাদের কথা ভাবি আর মনে হয় যে আমাদের পাশে কেউ নেই।

আপনাকে যেমন কিছু মানুষ পছন্দ করেনা ঠিক একইভাবে আপনাকে অনেক মানুষ নিঃস্বার্থভাবে ভালবাসে।

তাই যারা কষ্ট দেয় তাদেরকে না ভেবে যারা ভালোবাসে তাদেরকে ভালোবাসা দিয়ে দেখুন একবার দেখবেন আপনি ভালো আসল বন্ধু পাবেন।

আমাদের সত্তিকারের ভালো থাকার জন্য অনেকগুলো বন্ধু দরকার নেই।

একটা বন্ধু হলেও যথেষ্ট

তার মানে এই নয় যে আমি বাকি বন্ধুদের সঙ্গে আপনাদেরকে মেলামেশা করতে বারণ করছি। যেমন যদি আপনি কলেজে পড়েন কলেজের বন্ধু গুলোর কথা, আপনি যদি অফিসে চাকরি করেন তাহলে আপনার অফিসের সহকর্মীদের কথা, আপনি যদি বিকেলবেলা খেলতে যান তাহলে আপনার খেলোয়ার বন্ধুত্বের কথা বলছি।

এদের সাথে মেলামেশা করুন কিন্তু এদের সঙ্গে নিজেকে জড়িয়ে ফেলবেন না কখনো। যতক্ষণ পর্যন্ত না তাদের মধ্যে কোন একজন আপনার সত্যি কারের বন্ধু না হয়।

প্রথমে তাদের সঙ্গে মেলামেশা করুন।

একটু সময় দিন।

যাকে তাকে যখন তখন নিজের কাছের বানিয়ে নিলে। তারাও তো আপনাকে কষ্ট দিবে।

প্রথম কথা আপনি কোন বন্ধুর কাছে যেমন ব্যবহার আশা করছেন ঠিক তেমনটি ব্যবহার আগে তার সাথে করুন। আপনাকে আর কিছু করতে হবে না দেখবেন ঠিক সে আপনাকে আপনার যতটা ভালো ব্যবহার প্রাপ্য ঠিক ততটাই দিবে।

হ্যাঁ তবে তার জন্য একটু সময় লাগবে।

মানে আপনি কোন একটা অচেনা মানুষের সঙ্গে বন্ধুত্ব গড়ে তুললেন। এবং তাকে যে ব্যবহারটা আপনি দেখান সেটা আপনার সবচেয়ে ভালো ব্যবহার। তাহলে প্রথমে প্রথমে আপনি হয়তো আশা করে বসবেন সেও আপনাকে খুব ভালো ব্যবহার দেখাবে।

তাহলে আপনি একদম ভুল।

সে আপনাকে কিছুদিন যাওয়ার পর কিছুদিন পুরনো হওয়ার পর আপনাকে ইগনোর করতে শুরু করবে। তাকে ইগনোর করতে দেন।

কারণ আপনি জানেন যে আপনি তার সাথে নিঃস্বার্থভাবে সবকিছু করেছেন। তাহলে আপনি নিশ্চিন্তে থাকুন। ঠিক তাকে যখন কেউ একইভাবে অবজ্ঞা করে ছেড়ে চলে যাবে তখন আপনার কথা তার মনে পড়বে।

এটাই বাস্তব।

আমাদের মেইন সমস্যা টা কি বলুন তো আমাদের সাথে যে জিনিস গুলো বা যে মানুষ গুলো থাকে।

যখন তারা আমাদের সঙ্গে থাকে তখন আমরা তাদের খারাপ গুন গুলো দেখতে পায় কিন্তু ঠিক যখনই তারা আমাকে ছেড়ে চলে যায়।

অবাক করার বিষয় হলেও সত্যি যে তাদের ঠিক ভালো গুণগুলো আমাদের মনে করতে লাগে।

এবং তাদের খারাপ গুন গুলো আমাদের কাছে তখন নগণ্য মনে হয়।

আমরা ঠিক এরকমই একটি জাতি।

বুঝলেন?

আপনি একবার কারো ভালো বন্ধু হয়ে দেখেন, অবাক ভাবে দেখবেন আপনারও ভালো বন্ধুর কখনো অভাব হবে নএবার আপনাকে এবার বন্ধু সম্পর্কে আরেকটু গভীরে গিয়ে আলোচনা করি।

এতক্ষণে আপনি নিশ্চয় বুঝতে পেরে গিয়েছেন যে বন্ধু আমাদের ঠিক কতটা দরকার। আমি এখানে বন্ধু বলতে গেলে ভালো বন্ধু কথা বলছি। আপনি নিশ্চয় এতক্ষণে বুঝতে পারলে যে আপনাকে ঠিক কেমন ব্যবহার করা উচিত।এবার আপনাকে বলব আপনি যাদেরকে বন্ধু হিসেবে বাঁচতে চাইছেন। তারাকে কিভাবে খুঁজবেন বা জানবেন যে তারা আপনার সত্যি কারের বন্ধু হওয়ার যোগ্য।

আপনাকে প্রথমেই বলেছিলাম যে একটা ভালো বন্ধু প্রথমে বাছাই করতে। তুমি এটা আমরা শুরু করি।প্রথমে তাদের থেকে আমরা ভালো বন্ধু বাঁচবো যারা অলরেডি আপনার জীবনে আছে। চলুন আমিও সাহায্য করছি আপনাদেরকে ভালো বন্ধু বাঁচতে।

কোন বন্ধুকে বাকুল মানুষকে নিজের জীবনে বেছে নেওয়ার জন্য যেটা সবচেয়ে প্রথমে লক্ষ্য

করবেন সেটা হল। সে শুধু আপনাকে না বাকি লোকেদেরকে ঠিক কতটা সম্মান দেয়।

সবচেয়ে বেশি সেটা লক্ষ্য করবেন সেটা হচ্ছে যে সে তার চেয়ে গরিব মানুষদের কে কতটা সম্মান দেয়। বা তাদের সাথে কেমন ব্যবহার করে। এটা দেখাটা এই জন্য দরকার হয়তো সে আপনাকে সম্মান দেয় কিন্তু বাকিদের কে সম্মান দেয় না। তাহলে মনে রাখবেন সে আপনাকে যে সম্মানটা দেয় সেটা আদৌ আসল না। আজ হয়তো সে আপনাকে সম্মান দিয়েছে তার পেছনে নিশ্চয়ই একটা বড় ধরনের কারণ আছে। আপনার কাছে কোন জিনিস পাওয়ার জন্য আপনাকে সেই সম্মানটা দিচ্ছে। তাই আপনি নিশ্চিত থাকুন যেদিন থেকে আপনি তাকে ওই জিনিসটা দিবেন না সেদিন থেকে আপনাকে সম্মান করা বন্ধ করবে। তাই এই ধরনের বন্ধু যদি আপনার জীবনে অলরেডি থেকে থাকে তাহলে তাদের থেকে যত তাড়াতাড়ি পারবেন দূরে সরে যান। আর যারা শুধু আপনাকে না, তার সাথে থাকা প্রত্যেকটা মানুষকে খুব সম্মান দিয়ে কথা বলে। সম্বন্ধী মেলামেশা করে। তাহলে তাকে আপনার জীবনে একটা ভালো বন্ধু বানিয়ে ফেলুন। এবং আপনি নিশ্চিত থাকুন যে যদি আপনি কখনো বিপদে পড়েন বা আপনার অবস্থা যদি কোনদিন অবনতি ঘটে তাহলে সে আপনার পাশে সব সময় থাকবে। আর এই ধরনের মানুষ যদি আপনার জীবনে না থাকে তাহলে আপনি এই ধরনের মানুষকে খুঁজতে থাকেন। যদি পেয়ে যান তাহলে বন্ধু বানিয়ে ফেলুন সুখে থাকবেন।

দ্বিতীয়তঃ যেটা আপনি করবেন বা আপনি আপনার বন্ধুর মধ্যে যে গুণটি খুঁজবেন সেটা হল সেই বন্ধুটি আশেপাশের লোক তার নাম করে না করেনা সেদিকে সেরকম একটা গুরুত্ব দেয় না। তারা খুব সাধারন থাকতে ভালোবাসে। ঠিক যেমনটা ঈশ্বর তাকে বানিয়েছে সে তাতেই খুশি। তাহলে আপনি মনে রাখবেন আপনি যেমনই হন না কেন সে আপনার পাশে সব সময় থাকবে।

তৃতীয়তঃ যে বিষয়টি সবচেয়ে বেশি লক্ষ্য করবেন সেটা হল যে আপনাকে ঘুরতে যাওয়ার সময় ঠিক কী পরিমাণে টাকা খরচ করায়। মানে আমি বলতে চাইলাম যদি আপনি তার সঙ্গে কখনো ঘুরতে যান তাহলে দেখবেন সে আপনাকে বলবে এটা কিন ওটা কিন। যার ফলে আপনি যখনই তাদের সঙ্গে বাইরে যান তখনই আপনাকে একটা বিশাল মাপের খরচ করতে হয়। তাহলে ঐ সমস্ত বন্ধুদের থেকে সবসময় দূরে থাকুন। কারণ এরা আপনাকে ধ্বংস করতে এসেছি।

ঠিক একই ভাবে লক্ষ্য রাখুন যদি কোন বন্ধু আপনাকে খরচ করতে বারণ করে। বা অনেক সময়ে রেস্টুরেন্টে গিয়ে বিলটা সে দেয় তাহলে মনে রাখবেন আপনি খুবই ভাগ্যবান। যে একজন ভালো বন্ধু পেয়ে গিয়েছেন। তাকে বানিয়ে ফেলুন।

চতুর্থত দেখবেন যে আপনি যাকে বন্ধু বানিয়েছেন বা বানাতে চান সে মিথ্যা কথা বলে কি না? যদি উত্তর হয় হ্যাঁ।

তাহলে আস্তে আস্তে দূরে সরে যান। আপনার মনে প্রশ্ন আসতে পারে এখনকার দিনে তো সবাই মিথ্যা কথা বলে। না আমি মিথ্যা কথা বলতে সে ধরনের মিথ্যা কথা বলিনি।

যে গুরুত্বপূর্ণ বিষয়গুলোর ব্যাপারে মিথ্যা কথা বলে আপনার সামনে অন্য বন্ধুদের কে মিথ্যা কথা বলে। মনে রাখবেন সে অন্য বন্ধুদের সামনে আপনাকে নিয়ে মিথ্যা কথা বলবে।

তাই যারা এধরনের বন্ধু তাদের কাছ থেকে দূরে থাকুন।

পঞ্চম এটা অন্যতম একটা গুরুত্বপূর্ণ বিষয় যেটা আপনি আপনার বন্ধুদের মধ্যে দেখবেন সেটা হল।

তারা আপনাকে ঠিক কতটা গুরুত্ব দেয়। মানে দেখবেন অনেক বন্ধু আছে যারা তাদের প্রয়োজনে

বা তাদের কোনো কাজ যদি দরকার পড়ে আপনাকে। তাহলে আপনাকে অনেক মিষ্টি মিষ্টি কথা বলে, যেন মনে হয় যে আপনার চেয়ে ভালো মানুষ আর কেউ নেই তার জীবনে।

কিন্তু যখন আপনার দরকার পড়ে তাদেরকে তখন তাঁর আপনার ফোনটা ধরে না ঠিকভাবে। এমনকি মাসের-পর-মাস আপনাকে ফোন না করে কাটিয়ে দেয়।

তাহলে আপনি নিশ্চিত থাকুন যে তাদেরকে আপনার বিপদে কখনোই পাবেন না।

তারা শুধু তাদের প্রয়োজনে আপনার সাথে মেলামেশা করে। তার চেয়ে বেশি কিছু না। তাই এরা খুবই ভয়ংকর হয়। যখন তাদের আপনাকে দরকার পড়ে তখন তারা সবকিছু বলতে পারে। আপনার প্রচুর নামো করতে পারে। তাই তাদের থেকে সবসময় দূরে থাকার চেষ্টা করবেন।

তারাই হল আসল স্বার্থপর

তারা শুধু নিজেকে ছাড়া কাউকে কখনো ভালোবাসিনি।

এজন্য এই ধরনের বন্ধু থাকলে এখনই তাদেরকে নিজের বন্ধুর তালিকা থেকে বাদ দিয়ে দিন।

ষষ্ঠ বিষয়টি হলো দেখবেন আমাদের জীবনে প্রত্যেকের একটা গোল আছে। মানে জীবনের উদ্দেশ্য আছে যে আপনি জীবনে কি করতে চান। বা বড় হয়ে কোন বিষয়গুলোর ওপর কাজ করতে চান। সেই সমস্ত জিনিস গুলো যখনই আপনি আপনার বন্ধুদের সামনে বললেন তার আপনাকে শুধু হাসি ঠাট্টা করে, বা বলে এইসব কাজ তোর দ্বারা হবে না। কেন এসব কাজ করছিস।

আমরা যে কাজগুলো করছি সেই কাজগুলো কর। আমাদের কাজগুলোকে প্রচুর টাকা। মাথায় রাখবেন যারা আপনার চিন্তা ধারাকে সম্মান করে না তারা কখনই আপনার বন্ধু হতে পারে না। বা আপনার সুখের সাথী হতে পারেনা। তাই তাদের সাথে জীবনে চলার পথে আপনাদের মূল্যবান মন্তব্য কোন কাজে আসবে না।

তার আপনার কথা শুনে শুনতে চাই না।

তাই এধরনের বন্ধুদেরকে কখনো নিজের স্বপ্ন সম্বন্ধে কিছু বলবেন না।

সপ্তম যে বিষয়টির উপর গুরুত্ব দেবেন সেটা হল যে বন্ধুগুলো মানুষের কাছে এটেনশান পাওয়ার জন্য পাগল তাদের কাছ থেকে দূরে থাকুন। মানে ধরেন কোন একটা বন্ধুমহলে আপনি আছেন। সেখানে কোন একটা বন্ধু কোন একটা বিষয় নিয়ে আলোচনা করছে আর সবাই মন দিয়ে তা শুনছে। হঠাৎ করে আপনার বন্ধুটা এসে নিজের আলাদা কথা বলতে লাগলো। যে সেই বন্ধুমহলে থাকা প্রত্যেকটা বন্ধু বিরক্ত অনুভব করতে লাগলো। আর আপনি তাদের কাছে আশা করছেন যে তারা আপনার কথা শুনবে। তারা মানুষের কাছে এটেনশান পাওয়ার জন্য এতটাই পাগল হয় যে আপনার সামনে আপনার নাম এবং অপরের সামনে অপরের নাম। ঠিক একইভাবে আপনার সামনে অপরের দুর্নাম অপরের সামনে আপনার দুর্নাম নিশ্চিত করে এটা মনে করে রাখুন। কারন তারা সবাই এর কাছে সবসময় ভালো হতে চাই। আর এই জন্যই সবার কথা সব কে বলে বেড়ায়।

তাই তাদেরকে কখনোই আপনার জীবনের গুরুত্বপূর্ণ কথা বা গোপন কথা কখনই তাদেরকে শেয়ার করবেন না। সর্বদা তাঁর আপনার গোপন কথা সবার মাঝে শেয়ার করবে তাই বাঁচতে চাইলে আজ এই সমস্ত বন্ধুদের থেকে দূরে সরে আসুন।

অষ্টম যেটা খুবই দেখার বিষয় সেটা হচ্ছে।সে তার পরিবারের লোকেদের সাথে কেমন ব্যবহার করে। সেটা অবশ্যই লক্ষ্য করবেন। মানে সে তার পরিবারের কথা শোনে না শোনে না। তার বাবা-মার বিরোধিতা করে কিনা সেটা লক্ষ্য করবেন। মনে রাখবেন যে নিজের পরিবারের হতে পারে না সে কি করে আপনার হবে। তাই এই জিনিসটাকে অবশ্যই গুরুত্ব দেবেন।

দেখবেন সে তার পরিবারকে আপনাদের চেয়ে বেশি না কম গুরুত্ব দেয়। যদি দেখেন যে তার পরিবারের কোনো একজন তাকে হয়তো কোন দিয়েছে কিন্তু সেই ফোনটা ধরছে না কারণ সে আপনাদের সাথে আছে তাই তারমানে মোটো এটা ভাববেন না যে সে আপনাদেরকে বেশি গুরুত্ব দিচ্ছে। বরং এটা একটু চিন্তা করে দেখুন সে তার পরিবার কেউ গুরুত্ব দেয় না। সে শুধু সেটাকে গুরুত্ব দেয় যেটা তার প্রয়োজন তাই এই ধরনের বন্ধুদের থেকে সবসময় দূরে থাকার চেষ্টা করবেন।

নবম সমাজের মানুষের কাছে সে কেমন। যদি দেখেন যে সবাই তার বিপক্ষে কথা বলে। তারমানে অবশ্যই মনে রাখবেন নিশ্চয়ই তার মধ্যে কোন কোন ত্রুটি আছে। যদি সে মানুষটা আপনার খুব কাছের হয় তাহলে তার সেই ত্রুটি খুঁজে বার করুন এবং তাকে জানান।

যদি সে আপনার কথা মেনে সেই ত্রুটিটি শুধরে নেয় তাহলে আপনি খুব ভাগ্যবান কিন্তু যদি না করে তাহলে ভাববেন সে শুধু নিজের ব্যাপারে চিন্তা করে। তাই তার সাথে ঘুরে বেড়ানো মানে সমাজের চোখে নিজেকে খারাপ করা। তাই আপনি জানতে অজান্তে সমাজের কাছে নিজেকে বেকার খারাপ করে ফেলছেন। নিজেকে ভালো রাখার জন্য যত কম শত্রু বানাবেন ততো ভালো। তাই এধরনের বন্ধুদের থেকে দূরে থাকার চেষ্টা করুন।

অবশেষে যে জিনিসটায় লক্ষ্য রাখবেন সেটা হল আপনি যাদের সঙ্গে আছেন বা যাদেরকে ভালো বন্ধু মনে করেন। আপনার মন কি বলে জেতার আপনার ভালো বন্ধু?

কারণ ভাল বন্ধু যদি অনুভব না হয় তাহলে আপনি কথনই তাদের সাথে খুশি থাকতে পারেন না। আরো বলা ভালো ভালো থাকতে পারেন না। তাই এদের থেকে নিজেকে দূরে রাখবেন।

আমি উপরে যে কথাগুলো বললাম সেই কথাগুলো মাধ্যমে আমি কাউকে ছোট করতে চাইনি। শুধু এটুকুন বোঝানোর চেষ্টা করলাম যে নিজেকে ভালো রাখার জন্য আপনি ঠিক নিজেকে কেমন করবেন। আপনার জীবনের বন্ধুদেরকে ঠিক কেমন ভাবে বাছবেন। কারণ আপনার উপরই নির্ভর করছে আপনি কেমন থাকবেন ভালো না খারাপ।

নিজেকে একটু খুশি রাখতে চাইলে অবশ্যই বন্ধু ভালো এবং সত্তিকারের বাঁচবেন।

5

জীবনে কি আর করব

"স্বপ্ন সেটা নয় যেটা আমরা ঘুমিয়ে দেখি

স্বপ্ন সেটা যেটা আমাদের ঘুমোতে দেয় না। "

উক্ত লাইনটি মনে পড়ল তো, আপনার কার বলুনতো এটা? আমাদের দেশের রাষ্ট্রপতি এপিজে আবদুল কালামের।

উক্তিটি আমরা শুনেনি এরকম খুব কম মানুষই আছি। কিন্তু উক্তিটির আসল মানেটা জানে এরকম কম মানুষ আছে।

আসলে আমরা স্বপ্ন দেখতে সবাই ভালবাসি। সেটা ঘুমিয়ে বা জেগে হোক।

আমরা যে স্বপ্ন গুলো দেখি সেগুলো আমাদের ক্ষমতার বাইরে।

আমি ক্ষমতার বাইরে স্বপ্ন গুলো দেখতে বারণ করছি না কিন্তু আমরা ভাবি যে আমরা যে স্বপ্নগুলো দেখছি শুধু এটা হয়তো আমি দেখছি। আর কেউ দেখেনা।

তাই সবার চেয়ে আমি আলাদা, আমি স্পেশাল।

আমি স্বপ্ন দেখি মানে আমার জীবনের একটি উদ্দেশ্য আছে। আমি অন্যদের চেয়ে অনেক বেশি চিন্তা করি।

আপনি যদি এসব ভাবেন তাহলে সম্পূর্ণ ভুল ভাবছেন। বিশ্বাস না হলে আপনি যে দোকানে গিয়ে চা খান। কখনো গিয়ে তাকে প্রশ্ন করবেন। তার স্বপ্ন সম্পর্কে জানতে চাইবেন বা আপনার আশেপাশে থাকা বন্ধুদের কে তাদের স্বপ্ন গুলো সম্বন্ধে জানতে চাইবেন। দেখবেন আপনার চেয়েও বড় বড় স্বপ্ন তারা দেখে। তাই স্বপ্ন দেখাটা বড় কথা নয়। এই কথাটা কেন বললাম জানেন তো আসলে স্বপ্ন আমরা সবাই দেখি।

স্বপ্ন দেখাটা বড় কথা নই। স্বপ্নটাকে বাস্তবে রূপান্তরিত করার জন্য আমরা ঠিক কতটা পরিশ্রম করছি। শুধু পরিশ্রমী নয় কতটা সঠিক উপায়ে করছি সেটা নির্দেশ করবে যে আমার স্বপ্নগুলো সফল হবে কিনা?

আপনারা হয়তো ভাবছেন, ভালো থাকার সাথে স্বপ্নের কি সম্পর্ক।

অবশ্যই আছে।

আমাদেরকে ভালো থাকতে গেলে আমাদের প্রত্যেকটা জিনিসের উপর খুব বেশি গুরুত্ব দিতে হবে। সবচেয়ে যেটা বেশী গুরুত্ব দিতে হবে সেটা হচ্ছে আমাদের চিন্তাধারা এবং আমাদের স্বপ্নের

উপর।

আমরা স্বপ্ন দেখি কিন্তু স্বপ্নটাকে সফল করার জন্য আমাদের কি করতে হবে সেটা আমরা জানি না। আবার অনেকেই জানি কিন্তু শুরু করার জন্য অপেক্ষা করছি।

বিশ্বাস হচ্ছে না তাহলে আমি আপনাকে একটা গল্প শোনাচ্ছি।

আমার বেশ কিছু ইউটিউব চ্যানেল আছে যেমন ধরেন (The MOMI, The smart guide, cinematic Expose,MOMI extra etc) যখনই আমার চ্যানেলে ভিডিও কেউ দেখে বিশেষ করে আমার বন্ধুরা। তারা প্রত্যেকে বললে যে তারাও নিজেরাই ইউটিউব চ্যানেল খুলবে। তারা আমাকে জিজ্ঞাসা করে কিভাবে খুলতে হবে কিভাবে কি করতে হবে। তাদেরকে আমি বলেছি এসব করে করতে হয়। তারা আমাকে অনেকে বললেন যে আমার সাথে কাজ করতে ইচ্ছুক তারা। তো আমি কি করি প্রত্যেককে ভিডিও বানানোর কিছু এলিমেন্ট তাদেরকে দেই এবং বলে যে ভিডিও বানাতে। বিশ্বাস করবেন না হয়তো আমি যতজনকে দিয়েছি করতে তারা প্রত্যেকে একদিন আমার কাছে একদিন করে চেয়ে নিয়েছে। তো কথা মতোই প্রত্যেকে আমি একদিন পর কল করি আর জিজ্ঞাসা করি কাজটা হয়েছে। মানে ভিডিও বানানো হয়েছে। অবাক করার বিষয় হলো প্রত্যেকে আমাকে বলেছিল না হয়নি। তার মধ্যে কেউ কেউ বলেছিল যে আমার আসলে কাজটা করতে ভালো লাগছেনা। অন্য কাজ থাকলে দাও। আর কিছু জন বলেছিল আরে আমার কাছেতো মাত্র একটা ফোন সেজন্য আমি ভিডিওটা বানাতে পারিনি। আর কিছু জন বলেছিল আরেকটু সময় দাও বানিয়ে ফেলবো। যাদেরকে আমি সময় দিয়েছিলাম তারা আজ অব্দি ভিডিও বানাতে পারেনি যখনই ফোন করি তাদেরকে তারা প্রত্যেকে বলে আর একটু সময় দাও।

অবাক করা বিষয় হলো তাদের মধ্যে একজন ভিডিওটি বানিয়েছিল। তার কাছে না ছিল দামি কোন ফোন। না সেই ছেলেটা ছিল বেশি শিক্ষিত। না তার কাছে একাধিক ফোনে ছিল। কিন্তু সে আমার কাছে যতটা সময় নিয়েছিল সেই সময়ের মধ্যে ভিডিওটি বানিয়ে ফেলেছিল। উপরের ছোট ঘটনাটার মাধ্যমে আমি আপনাদের যেটা বোঝাতে চাইলাম সেটা হল। আমরা আসলে কাজ করতে চাইনা। যদি সত্যি কাজ করতে চাইতেন তাহলে চুপচাপ বসে শুধু বাহানা দিতেন না।কিন্তু একটু যদি আপনি বাইরে খোঁজ নিয়ে দেখেন যে আপনি যে কাজটা করতে চাইছেন। সেই কাজটা আপনি যে বাহানার কারণে করছেন না ঠিক অন্যজন তার চেয়েও বড় বাহানা থাকা সত্ত্বেও সে করছে। সত্যি বলতে আমরা যদি কোন কাজ করতে চাই সেই জন্য আমাদের কোনো জিনিসই কখনো আটকাতে পারে না। কোন কিছু করার জন্য একটা কারণই যথেষ্ট। ঠিক একই ভাবে কোন কিছু না করার জন্য একটি বাহানায় যথেষ্ট। যার করার ইচ্ছা সে হাজার বাধা থাকা সত্ত্বেও সেটা সে করবে।

আর যারা সত্যি কারের করার ইচ্ছা নেই তাকে আপনি যেটাই দেন না কেন সে ঠিক কিছু-না-কিছু বাহানা খুঁজে বার করবেইয় কাজটা না করার জন্য।

তাই আপনি যদি জীবনে কিছু করতে চান তাহলে সে কাজটি এখনই শুরু করে ফেলুন।

আপনার যদি মনে হয় যে, আপনি তা করতে পারবেন না তাহলে আপনি ভুল ভাবছেন। যদি আপনি একটা কাজ করতে না পারেন তার মানে মনে রাখবেন আপনি কোন কাজেই কখনোই করতে পারবেন না। যা করছেন, যেটা করছেন, সেটা মন দিয়ে করুন। দেখবেন আপনার সাফল্য নিশ্চিত।

আমাদের একটা সবচেয়ে বড় দোষ কি জানেন?

আমরা ঠিক যখন যে কাজটা করি সে কাজটা আমাদের ভালো লাগেনা। অন্য কাজগুলো আমাদের বেশি ভালো লাগে আর যখন আমরা অন্য কাজগুলো করি তখন সেই কাজগুলো আমাদের ভালো লাগেনা বরং আগে যে কাজটা করতাম সে কাজটা বেশি ভালো লাগে।

যেমন ধরেন আমরা যখন যেই স্কুলে পড়ি তখন আমরা স্কুলের প্রত্যেকটা জিনিসের ওপর ভুল ধরি। যেমন স্কুলের শিক্ষক গুলো ভালো না, কিভাবে পড়াতে হয় জানলেন না, বিদ্যালয় ঠিকভাবেই কখনো কোনো অনুষ্ঠানই হয়না। আবার বলি হ্যাঁ আমাদের পাশের স্কুলটা বেশি ভালো। রাহুলদের স্কুলের টিচার গুলো বেশি ভালো। কিন্তু দুঃখের বিষয় হল আমরা যখন রাহুলের স্কুলে ভর্তি হয় তখন আমরা সেই স্কুলের ব্যাপারে খারাপ বিষয় গুলো নিয়ে আলোচনা করি আর বলি আরে ইস্কুলেতে কিছু নাই। আমি আগে যে স্কুলে পড়তাম সেই স্কুলে সবকিছু বেশি সুবিধা ছিল।

এবার বুঝলেন আমাদের সমস্যাটা ঠিক এ জায়গায়।

আমরা নিজেরাই জানিনা আমাদের কি চাই। আর সেজন্যই আমরা ভালো নেই।

আর একটা কথা বলব দেখবেন এখনকার দিনে একটা কথা খুব প্রচলন আছে। বিশেষ করে আমরা সিনেমা বা সোশ্যাল মিডিয়ার মাধ্যমে কথাটা শুনে থাকি যে নিজের প্যাশন খুঁজে বার করো বা নিজের মধ্যে যে ট্যালেন্ট আছে সেটা খুঁজে বার করো তাহলে তোমার জীবন একদম সহজ হয়ে যাবে।

আর তখনই আমরা বিভ্রান্তির মধ্যে পড়ি। আমরা ভাবতে থাকি আমাদের মধ্যে কি ট্যালেন্ট আছে। আর আমরা যেটা দেখি সেটা হচ্ছে যে আমাদের মধ্যে কোন ট্যালেন্ট নেই। আমরা ঠিকভাবে গান করতে পারি। না আমরা দেখতে খুব সুন্দর। না আমাদের বাবা অথবা মার প্রচুর টাকা আছে ইচ্ছামত যা চাইবো তাই করবো। তখন আমাদের একরাশ হতাশা দেখতে পাই। তখনই আমাদের মনে পড়ে আমার ওই বন্ধুটা ভালো গান করে, সেই বন্ধুটা দেখতে খুব সুন্দর ইত্যাদি।

যেগুলো আমাদেরকে ডিপ্রেশনের দিকে নিয়ে যায়। কারণে অকারণে আমরা ঈশ্বরকে গালিগালাজ করতে থাকি। ঈশ্বর আমাদের মধ্যে কিছুই গুন দেননি তাহলে পৃথিবীতে কেনইবা পাঠিয়েছেন শুধুমাত্র লোকেদের কাছে অপমান হওয়ার জন্য।

দেখলেন তো আমাদের চিন্তাধারা ঠিক কতটা খারাপ।

প্রথম কথা ট্যালেন্ট বলে কিছু হয়না। আর যদি কেউ মনে করেন যে ট্যালেন্ট বলে কিছু হয় তাহলে মনে রাখবেন আমাদের প্রত্যেকের মধ্যে কিছু না কিছু ট্যালেন্ট অবশ্যই আছে। ঈশ্বর আমাদেরকে শুধুই বানিয়ে ফেলেন নি। তার বানানোর পেছনে কিছুতো উদ্দেশ্য অবশ্যই আছে। তিনি পৃথিবীর প্রত্যেকটি জিনিস কিছু না কিছু উদ্দেশ্য জন্য তৈরি করেছেন। তিনি কখনোই কোন জিনিস উদ্দেশ্য ছাড়া তৈরি করেনি না।

এবার যারা ঈশ্বরের কথা মানে না তাদের জন্য আপনারা জিনিসগুলোকে এই ভাবছেন কেন? ভাবেন প্রত্যেকে যে আমরা একটা সাদা কাগজ ঈশ্বর কিছু মানুষের মধ্যে কিছু ট্যালেন্ট দিয়ে পাঠিয়েছেন মানে তার সাদা কাগজে কিছু লিখে পাঠিয়েছেন। আর আপনার যদি মনে হয় যে আমার মধ্যে কোন ট্যালেন্ট নাই তারমানে আপনি ভাবেন যে আপনার সাদা কাগজে কোন কিছু লিখে পাঠান নি। তাহলে দেখেন আপনার কাছে কত সুবিধা আপনি আপনার ইচ্ছা অনুসারে ওই সাদা পাতা তে যেটা ইচ্ছা সেটা লিখতে পারেন এমনকি যত ইচ্ছা তত লিখতে পারেন। আর যার পাতায় কিছু একটা লেখা ছিল আগে থেকেই তার কাছে জীবনে বেশি কিছু করার অধিকার নেই। তার সীমাবদ্ধ কিছু বুদ্ধি আছে। কিন্তু আপনার কাছে অনেকগুলো অপশন আছে নিজেকে দুনিয়ার

কাছে বেস্ট প্রমাণ করার জন্য।

এবার আপনি বলুন ভাগ্যবান টা আসলে কে?

বিশ্বাস করুন আপনার কাছে কি নাই এটা নিয়ে বেশি চিন্তা করার চেয়ে। আবার এটা ভাবুন আপনার কাছে কি আছে। সত্যি বলছি আপনি যদি গুনতে থাকেন তাহলে দেখবেন আপনি আমার চেয়েও বেশী খুশী হয়ে গেছেন। আপনি দেখবেন যে আপনার কাছে এতগুলো জিনিস আছে যে আপনি আগে কখনো ভেবে হয়তো দেখেননি। সবচেয়ে বড় যেটা কথা সেটা হচ্ছে আপনার কাছে যে জিনিস গুলো আছে সেগুলো হয়তো অনেক ভালো ভালো মানুষের নাই। আপনি যে বিষয়টা নিয়ে এতদিন ধরে চিন্তা করছেন সেটা নিশ্চয়ই দূর হয়ে গেল।

এবার আসি আমাদের কি করতে হবে। বলতে আমরা জীবনে জীবিকা হিসাবে কোন কাজটা করব। বা কোন পথে যাব। আমার মনে হয় এই প্রশ্নটা করার আগে যে সবচেয়ে প্রথমে আপনার দরকার। বিষয়গুলোর ওপর প্রথমে আপনাকে ভালোভাবে জানতে হবে এবং ভালো মানুষগুলোর কাছে জানতে হবে।

কারণ আমাদের প্রত্যেকটা সিদ্ধান্ত নির্ভর করে আমাদের অতীতের চিন্তাধারার ওপর। আরো ভালো করে বললে অতীতের অভিজ্ঞতার ওপর নির্ভর করে।

যদি আমরা সঠিক জীবিকা উপার্জনের পথ বেছে নিতে না পারি তাহলে কখনোই আমরা ভালো থাকতে পারিনা।

তাই ভালো থাকার জন্য এই সমস্ত জিনিস গুলো আমাদের খুব ভালো করে দেখতে হবে।

আমি বলতে চাইছি দেখবেন আমার একটা সমস্যা আছে যে আমরা সব সময় পরের স্বপ্নটাকে সফল করার পেছনে বেশি ছুটি।

বিশ্বাস হচ্ছে না তাহলে আমি বুঝিয়ে বলছি।

যেমন ধরেন আমার পাশের বাড়ি ছেলেটা সাইন্স নিয়েছে। তার ফলে আশেপাশের লোক রা তার সব সময় খুব তারিখ করে। কিন্তু আমার ধরেন আর্টস নিয়ে ইংরেজিতে অনার্স করার ইচ্ছা আছে। কারণ আমাকে ইংরেজি পড়তে ভালো লাগে। কিন্তু হয়তো আপনি বিশ্বাস করবেন না আমি ও সাইন্স নিয়ে পড়াশোনা শুরু করব। কেন বলেন তো কারন লোকে আমাকে তারিফ করবে বলে। বা ও সাইন্স নিয়েছে তার মানে নিশ্চয়তা বেশি ভালো।

এখানেই আমরা ভুল করে বসি। সেই কারণে আমরা কখনো ভালো থাকি না।আর আমরা জানতেও অজান্তে পরের স্বপ্নটা ফলো করতে লাগি।

এবার বুঝতে পারছেন ,আমরা কিভাবে সব সময় পরের স্বপ্ন ফলো করতে লাগি।

আমি ছোট থেকে মিশনে পড়াশোনা করি তাই একটা জিনিস লক্ষ্য করতাম। নানা এটা ছোট বয়সে লক্ষ্য করিনি। এটা যখন আমি বড় হয়েছি তখন জিনিসটাকে নিয়ে ভেবেছি সেটা হচ্ছে।

আমার বেশ কিছু বন্ধু যখন পঞ্চম শ্রেণীর নিচে পড়তো তখন তাদের স্বপ্ন ছিল ডাক্তার ইঞ্জিনিয়ার ব্যারিস্টার মহাকাশচারী ইত্যাদি।

তারপর যখন তারা ক্লাস একাদশ ও দ্বাদশ শ্রেণীতে পড়তো তখন তো তাদের স্বপ্ন এত শক্ত ছিল। জীবনে তোরা কি করবি কেউ বলত এই পৃথিবীর সবচেয়ে বড়লোক হব।

কে বলতো পৃথিবীর সবচেয়ে বিখ্যাত মহাকাশচারী হব?

কেও বলতো আমি ক্রিকেটার হব?

আমি তাদেরকে বলতাম আর এটা সম্ভব না। পৃথিবীতে কেউ একজন ওই কাজটা যদি করে থাকে

তাহলে তারা আমাকে ওই ব্যক্তির উদাহরণ দিয়ে বলতো।

"পৃথিবীতে ঐ ব্যক্তিটি পেরেছে তো আমি কেন পারব না"

আমার বেশ অবাক লাগত এত কনফিডেন্স তাদের।

কিন্তু আমি ওই বন্ধুদেরকে যখন কলেজ লাইফে জিজ্ঞাসা করেছি তোরা জীবনে কি করবি রে?

শুনতে খুব দুঃখ লাগলেও এটা সত্যি কথা

যে তারা আমাকে বলেছে যে একটা সাধারণ চাকরি হলেই হবে।

আপনি নিশ্চয়ই রিলেট করতে পারছেন।

এভাবেই আমাদের স্বপ্ন গুলো আস্তে আস্তে জীবনের সাথে সাথে শেষ হতে শুরু করে।

আর আমরা ঈশ্বরের বা পরিস্থিতির দোষ দিতে শুরু করি।

তাই নয় কি?

সত্যি কথা বলতে আমাদের স্বপ্নগুলো ভাঙার পিছনে না ঈশ্বরের দোষ আছে না পরিস্থিতির দোষ আছে।

সত্যিকারে যদি কারো দোষ থাকে সেটা আমাদের নিজেদের।

কারণ আমরা ছোট বয়সের সঠিক স্বপ্ন দেখি আর যখন আমাদের এই স্বপ্নটাকে সফল করার সময়। যখন আমরা সম্পূর্ণ কাজ করার বয়সে আছি।

বা কলেজে পড়াশোনা করছি। তখন শুধু আমরা বন্ধুদের সাথে আড্ডা আর ঘুরাঘুরি মাধ্যমে সময় গুলোকে নষ্ট করি। যার ফলে আমরা বুঝতেই পারিনা যে আমাদের জীবনটা কি কি সুন্দর ভাবে আমরা নিজেরাই নষ্ট করি।

দোষের সময় পরিস্থিতির দোষ দিয়।

আমি বলতে চাইছি এখন অনেকটা দেরি হয়নি।

আজ থেকে শুরু করুন বা এখন থেকে শুরু করুন।

আপনি যা করতে চান যেটা করতে চান।

এতটা সুন্দর ভাবে করুন। এবং এতটা মন দিয়ে করুন যাতে ওই কাজটা আপনার চেয়ে ভালো আর কেউ করতে না পারে।

মানে যদি আপনি রেললাইনের ধারে মুচির কাজ করেন তাহলে ওটা এত ভালোভাবে করেন এবং এতো ভালোবাসা দিয়ে করেন যে ওই এলাকায় মুচির কাজ আর কেউ যেন ভালো না করতে পারে।

বিশ্বাস করুনআপনার বেঁচে থাকার জন্য যে পরিমাণ অর্থের প্রয়োজন তার চেয়ে দ্বিগুণ পরিমাণ অর্থ আপনি উপার্জন করবেন।

আমরা আসলে কোন কাজ কখনই মন দিয়ে করিনা। যেটা যখন করি তখন সেটাকে পরের কাজ হিসাবে ওই কাজটাক আর গুরুত্ব দেইনা।

তাই যদি আপনাদেরকে কেউ কখনো প্রশ্ন করে জীবনে কি করছো?

তাহলে কখনোই যেন আপনাদের এটা বলতে না হয়।

যে কি আর করব সেরকম কিছু করিনা।

তার বদলে এরকম বলুন হ্যাঁ আমি এটা করছি।

এবং সেটা গর্বের সাথে বলুন।

আপনি যা করবেন সেটা কখনো ছোট চোখে দেখবেন না। আপনি নিজে ভাবুন আপনি নিজেই যদি আপনার কাজটা কে ছোট করে দেখেন। তাহলে আপনি কি করে আশা করেন যে বাকি লোকেরা

আপনার কাজটা কে সম্মান দেবে।

আমি এখানে কাজ গুলোর কথা বললাম সেগুলো হলো যদি আপনি একজন ইস্টুডেন্ট হন বা আপনি যদি অফিসে কাজ করেন সব ক্ষেত্রেই প্রযোজ্য।

আপনার আশেপাশে ঘটে যাওয়া ঘটনাগুলোকে কঠিনভাবে না দেখে। সহজভাবে দেখার চেষ্টা করুন।

দেখবেন সবকিছু পরিস্কার লাগবে।

সবচেয়ে বেশি নিজেকে বোঝার চেষ্টা করুন। নিজেকে সময় দিন।

নিজের সাথে কথা বলুন।

মাথা ঠান্ডা করে প্রত্যেকটা সমস্যার সমাধান করার চেষ্টা করতে থাকো।

আমাদের একটা বড় সমস্যা কি বলতো আমরা সবসময় সব কাজ একসাথে করতে চাই।

আপনি একবার ভেবে দেখুন কখনো কি কলকাতার দিল্লি একসাথে যাওয়া সম্ভব?

তাই সবচেয়ে প্রথমে আপনার যে কাজটা করা দরকার বা আপনার জীবনের সবচেয়ে যে কাজটা বেশি গুরুত্বপূর্ণ সেটা প্রথমে করবেন। সেটা ভালোভাবে করবেন তারপর বাকি কাজগুলো কি করবেন।

যেমন প্রথমে যেখানে যাওয়া দরকার সেখানে যাব তারপর পরেরটা যাব।

আশা করি বিষয়গুলো আপনাদের কাছে পরিস্কার হলো।

6

কাউকে ভালবাসতে ইচ্ছা করে

পৃথিবীর সবচেয়ে বড় সমস্যার বিষয় হল আজকের দিনে ভালোবাসা।

ভালোবাসা এমন একটা জিনিস যেটা সঙ্গে পৃথিবীর প্রত্যেকটা মানুষ জড়িয়ে আছে। যেটা সারা পৃথিবীর এমন একটা বিষয় যা ভাবা বা কল্পনা করা সম্ভব নয়।

ভালোবাসা বিষয়ে এতগুলো রূপকথার গল্প, এতগুলো কাহিনী লেখা হয়েছে যে সেখানে আমার মত মানুষের লেখাটা অনেকটা তুচ্ছ মনে হবে।

আমাদের ভালো থাকার পেছনে সবচেয়ে মূল্যবান যেটা কারণ সেটা হলো ভালোবাসা। সেটা হোক মা-বাবার, সেটা হোক ভাই বোনের সেটা হোক বন্ধুর। তাই আমরা এই জিনিসটা কে ঠিক ভাবে যদি বুঝতে পারি। তাহলে আমার মনে হয় আমাদের সমস্যার সমাধান আমরা পেয়ে যাব।

হ্যা এটা অবশ্য ঠিক ভালোবাসা বিষয়টা নিয়ে পৃথিবীর মহান মহান ব্যক্তিরা বুঝতে পারেননি তাহলে আমি কি করে বুঝতে পারি।

তবে আমি আমার জ্ঞান দিয়ে যেটুকু বুঝেছি ,সেটা যদি আমি আপনাদের ঠিক বুঝিয়ে বলতে পারি তাহলে আপনারা একটু হলেও ভালোবাসার আসল উদ্দেশ্য খুঁজে পাবেন।

আমরা জানতে অজান্তে ভালবাসায় পড়িনি এমন খুব কম মানুষই খুঁজে পাওয়া যাবে। আমরা জীবনের সবচেয়ে বেশি যদি কান্না করি সেটা ভালোবাসার জন্য কাঁদি আবার যদি জীবনে সবচেয়ে বেশি আনন্দ পায় সেটা ভালোবাসার জন্য পাই।

বর্তমান যুগে ভালোবাসাটা সঠিকভাবে না বোঝার জন্য হাজার হাজার ছাত্র-ছাত্রীরা ভুল পথের মাধ্যমে তাদের জীবনটাকে নষ্ট করছে। তাদের মধ্যেও আমরা।

আমি খুব ছোট থেকে এবং সাধারন ভাষা দিয়ে শুরু করছি।

ঈশ্বর বলেন যে জান্নাত বা স্বর্গ কেমন হবে সেটা অনুভব করার জন্য ভালোবাসা পৃথিবীতে পাঠালাম ,যেটা জান্নাতের সুখের মাত্র এক পারসেন্ট।

তাহলে আপনারাই বলুন জান্নাত বা সর্গ কি হতে পারে সেটা অনুভব করার জন্য যদি ঈশ্বর ভালোবাসা পাঠান ,তাহলে সেখানে থেকে আমরা কিভাবে দুঃখ কষ্ট পেতে পারি?

সেটা আমাদের এতটাই আনন্দ দিবে যার ফলে আমরা বুঝতে পারি যে আমরা যদি পৃথিবীতে

ভালো কাজ করি তাহলে আমরা স্বর্গ বা জান্নাতে যাব । আর সেখানে কত সুখ থাকবে।

তবে বর্তমান সমাজে ভালোবাসা যেভাবে আমাদের কষ্ট দিচ্ছে তাতে আমার মনে হয় না যে কেউ জান্নাতে যেতে চাইবে কখন।

তারমানে আমার মনে হয় না যে ঈশ্বর কখনো মিথ্যা কথা বলেন অবশ্যই আমাদের বুঝার ভুল আছে।

তাই নয় কি?

অবশ্যই সেটা।

সবচেয়ে বড় ভুলটা দিয়ে আমরা শুরু করি। আমরা রাস্তাঘাটে চলার পথে, কোন অনুষ্ঠানে, স্কুলে কলেজে আমরা যেখানে যখনই কোন সুন্দর মেয়েকে দেখি তৎক্ষনাত তার প্রেমে পড়ে যায়। তারপর থেকে তাকে ইমপ্রেস করতে ব্যস্ত থাকি। যদি তাকে ইমপ্রেস করতে পারি তাহলে তো হয়েই গেল। প্রথম কিছুদিন পৃথিবীতে মনে হয় যেন কোন স্বপ্নের দুনিয়ায় আছি। তারপর আস্তে আস্তে যখন একে অপরের আসল রূপ দেখতে পায় তারপর দুজনের মধ্যে একজন কষ্ট পায় আর অপরজন কষ্ট দিতে থাকে।

তাই নয় কি?

সবচেয়ে প্রথমে যেটা আমাদের জানতে হবে সেটা হচ্ছে ভালোবাসা আসলে কি?

ভালোবাসা আমরা কেন করি?

দেখবেন আমাদের একটা স্বভাব আছে যদি আমাদের কেউ জিজ্ঞাসা করে আমরা ভালোবাসা কেন করি তাহলে আমরা উত্তর দিয় যে। আমাদের এমন একজনকে দরকার যে আমাদেরকে বুঝবে আমাদেরকে আমাদের মতো করে ভালবাসবে। একে অপরের কথা শেয়ার করব একে অপরের কষ্টের ভাগীদার হব। ঠিক বলছো তো।

এবার আমি বলি আমার মতে ভালোবাসা হচ্ছে

"একে অপরের শরীর ভোগ করার একটা নাম মাত্র"

যদি এটা নাই হত তাহলে কেন ভালোবাসা দরকার। আপনিতো সাধারণভাবে তার সাথে একটা বন্ধুত্ব সম্পর্ক গড়ে তুলতে পারতেন। তার চেয়ে ভালো তাকে বোন বানিয়ে নিতে পারতেন। এই দুটি সম্পর্কে এমন কি শেয়ার করতে পারতেন না যা ভালোবাসার পর পারতেন আমি বলব শুধু শারীরিক চাহিদা টা শেয়ার করতে পারতেন না বাকি সবকিছু পারতেন।

যখন আমাদের উদ্দেশ্যটাই সঠিক নয়। তাহলে সেই ভুল উদ্দেশ্যে আমরা কিভাবে সুখে থাকতে পারি বা ভালো থাকতে পারি।

আমি এখানে ভালোবাসার বিরোধিতা করছিনা। আমি শুধু ভালোবাসার আসল মানেটা বোঝানো চেষ্টা করছি। আমরা যদি সত্যি কাউকে ভালোবাসি তাহলে তাকে স্পর্শ আমাদের কেন করতে হবে। তার জন্য ধৈর্য ধরুন না। বিয়ের পরে না হলে তাকে স্পর্শ করলেন। আর যদি এইটুকু ধৈর্য ধরতে না পারেন তাহলে সেই মানুষটার বিপদের সময় তার কষ্টগুলো ভাগ করে কিভাবে নিবেন। তখন ধৈর্য থাকবে তো।

আমি খুব সাধারণ ভাষায় আপনাদেরকে বলছি সেটা হল আমরা ভালোবাসা কেন করি?

জীবনে চলার পথে একটা সময় আসে যখন আমরা বাল্যকাল টা ছেড়ে অ্যাডাল্ট পরিণত হয়। ঠিক সেই সময় আস্তে আস্তে আমরা বুঝতেই পারিনা ,কখন আমরা আমাদের পরিবারের লোকেদের থেকে আলাদা হতে শুরু করি। ঠিক একইভাবে তারাও আমাদেরকে, কাজের ব্যস্ততার

মাঝে আস্তে আস্তে দুরে সরিয়ে দিতে থাকে। ঠিক তখনই আমরা আমাদের ব্যর্থতার কাহিনীগুলো বা নিজেদেরকে একটুখানি স্পেশাল ফিল করানোর জন্য একজনকে খুঁজি আর সেটাই হচ্ছে সেই ভালোবাসার মানুষটি।

আপনি ভাল উদ্দেশ্য নিয়ে কাউকে ভালবাসতে পারেন। সেটাতে কখনো ভুল আছে বলে আমি মনে করিনা। কিন্তু ঠিক একইভাবে আপনি যদি তাকে স্পর্শ না করার। কষ্ট না দেওয়ার কসম করতে পারেন তবে।

কিন্তু আমরা করি কি? একে অপরের বাবা-মাকে ভিলেন বানিয়ে ফেলি। আর ভাবি পৃথিবী আমাদের ভালবাসা বুঝেনা। পৃথিবী কিভাবে বুঝবে? আপনাদের ভালোবাসা আপনারা নিজেরাই তো বোঝেন না আপনাদের ভালোবাসা কি।

আমি ছেলে এবং মেয়ে দুজনকে বলছি। যে নিজের পরিবারের ভালোবাসা এতদিন ধরে বুঝতে পারেনি। আপনার কয়েক মিনিটের ভালোবাসায়, এতদিনের পরিবারের ভালোবাসাকে ভুলে যেতে পারে। তাহলে আপনি কিভাবে নিশ্চিত থাকছেন। যে আপনার ভালোবাসাকে সে একদিন ভুলে যাবে না।

এবার তো মাথা টা খুলুন।

ভালোবাসা কখনোই কাউকে কষ্ট দিতে পারে না। যদি সেটা সঠিক উপায় হয়। কিন্তু দেখেন বর্তমানের ভালোবাসায় বাবা-মা পরিবার ও সমাজকে আমরা কষ্ট দিতে থাকি।

যদি আপনাদের ভালোবাসা এতটাই পবিত্র হয়। আর সেটা যদি আপনাদের মা-বাবা বুঝতে পারে। তাহলে আপনাদের কেন বিয়ে দিবেনা?

কারণ আপনারা ঠিক যতটা ভালো থাকতে চান। আপনার বাবা মা রা আপনাদেরকে তার চেয়ে বেশি ভালো রাখতে চাই।

নিশ্চয়ই তাদের মনে হয় আপনাদের ভালোবাসা সঠিক না। কারণ তারা আপনাদের চেয়েও পৃথিবীটাকে বেশি দেখেছে। তার মানে আমি এটা বলছি না যে তারা সব জানে। আমি বলতে চাইছি, তারা কে বুঝিয়ে বলুন যে আপনি কেন তার কাছে ভালো থাকবেন।

আমাদের বর্তমান যুগের সিনেমাগুলো, এমনভাবে ভালোবাসাটা কে, আপনাদের সামনে তুলে ধরে যা দেখলে মনে হয় যে, বাবা মা ভিলেন আর আপনারা হিরো।

না, বাবা-মা ভিলেন। না, আপনারা হিরো। কিছুটা ভুল আপনাদের, কিছুটা ভুল বাবা মার।

একে অপরের পরিস্থিতি বোঝার চেষ্টা করুন আর তখনই একটা ভালো এবং সঠিক সমাধান বের করতে পারবেন। তার আগে নয়।

আমরা ছোট থেকে পোশাক-আশাকই নিই ভালো দোকান থেকে। খাবার-দাবার কিনি ভালো দোকান থেকে। কিন্তু যখন আমরা আমাদের জীবনের সবচেয়ে মূল্যবান মানুষকে বাছাই করি তখন আমরা কিছু দেখিনা। একটা গুণ আমাদেরকে সাময়িক ভালো লেগে গেল। বাশ এটাই কাউকে ভালোবাসার জন্য আমাদের কাছে যথেষ্ট একটা কারণ।

আর তাতে আপনার মনে হয় যে আপনাকে সেই মানুষটা ভালো রাখবে। বা আপনি তার দ্বারা ভালো থাকবেন। অবশ্যই তার কাছে আপনি একাধিক কষ্ট পাবেন। সে আপনাকে ভবিষ্যতে ছেড়ে চলে যেতেও পারে। আমার কথা হলো এটাই যে আপনি আপনার জীবনের সবচেয়ে মূল্যবান জিনিসটা। আপনি আপনার জীবনের সবচেয়ে মূল্যবান জায়গাটা, এমনি যে কাউকে দিয়ে দিবেন। এবার তো অন্তত একটু চিন্তা ভাবনা করুন।

আমি যেখানে আপনাদেরকে বলছি যে বন্ধু বাছার ক্ষেত্রে এতটা যাচাই করতে আর এখানে বলব না।

সত্যি আপনারা ভাবলেন কি করে।

আমি আপনাদের বলছি আপনারা ভালবাসুন। খুব বেশি ভালোবাসো, অনেক বেশি ভালবাসুন।

হ্যাঁ, মেয়ে কে ভালবাসুন।

কিন্তু আপনি জানেন আপনি যদি সঠিকভাবে ভালোবাসেন।

তাহলে কখনোই বর্তমান সমাজের প্রেমিকদের মত ব্রেকআপ এর সময় একে অপরের উপর কাদা ছোড়াছুড়ি করতে হবে না।

আমি বলতে চাইছি এমন সম্পর্ক তৈরি করুন। যাতে প্রথম দিন ভালোবাসার মানুষটাকে ,ঠিক যতটা ভালো লেগেছে, ঠিক তার চেয়েও বেশি ,তাকে যখন ছেড়ে চলে যাবেন বা সে আপনাকে ছেড়ে চলে যাবে। তখন যেন একে অপরের প্রতি প্রতি শ্রদ্ধা থাকে অনেক বেশি। এবার হয়তো আপনারা ভাবতে লেগেছেন যে হয়তো আমি আপনাদেরকে কোনো রুপকথার গল্প শোনাচ্ছি।

না না না

আপনারা যদি কোন মেয়েকে সঠিকভাবে ভালবাসতে শুরু করেন ।না ,তাহলে আপনাদের সম্পর্কটা রুপকথার গল্পের চেয়েও ভালো লাগবে।

একবার ভেবে দেখুন আমাদের তৈরি রুপকথার গল্প শুনতে বা বলতে এত সুন্দর লাগে। তাহলে আমাদেরকে নিয়ে তৈরি ঈশ্বরের গল্প গুলো কত সুন্দর হবে।

আপনার হয়তো খারাপ ভাববেন, আসলে আমরা ভালোবাসতে জানি না?

ঠিক আছে আমি প্রশ্ন করছি উত্তর দিতে পারবেন। নিজের বুকে হাত দিয়ে উত্তরটা দেবেন কিন্তু।

আপনি যাকে ভালোবাসেন তার সাথে আপনি তিনটা জিনিস মেনে চলেন প্রথম পবিত্রতা আমি পবিত্রতা বলতে এখানে শুধু শারীরিক সম্পর্ক না মানসিক সম্পর্কের কথা বলছি।

মানে বলতে চাইছি যাই হোক না কেন বিয়ের আগে একে অপরকে কখনোই স্পর্শ করবেন না বা কখনও স্পর্শ করেন নি।

দ্বিতীয়তঃ একে অপরের প্রতি সম্মান। যতই পরিস্থিতি খারাপ এসেছে ,কখনো একে অপরের প্রতি সম্মান হারাননি এমন কখনো হয়েছে।

তৃতীয়তঃ একে অপরের প্রতি বিশ্বাস। একে অপরের নামের লোকে যতই খারাপ কথা আপনার কানে এসে বলুক না কেন। আপনি বিশ্বাস করেননি এই রকম হয়েছে।

আর এই তিনটা জিনিস যদি আপনি মানতে পারেন তাহলে আপনার সম্পর্ক কোথা থেকে কোথায় চলে যাবে আপনি বুঝতে পারবেন না।

এবার বুঝতে পারছেন আমি আপনাদের ভালোবাসা কি ভুল বলছি কেন। এবার আপনার অনেকে আছেন আরে আমরা তো একে অপরকে বিয়ে করব। তাহলে শারীরিক সম্পর্ক করলে কি আসে যায়।

একবার ভাবুন আপনার সাথে মেয়েটার বিয়ে হলো না।

তাহলে !

পরবর্তীতে আপনাদের সাথে যাদের বিয়ে হলো আপনারা দুজনেই তো তাদেরকে ঠকালেন।

তাই নয় কি।

আর আপনি ভালোবাসার কথা বলছেন।

আরে আমরা এখনকার দিনে কাউকে ভালবাসলে দ্বিতীয় দিনে হোয়াটসঅ্যাপে তার ছবি চাইতে থাকি। না দিলে ছেড়ে চলে যাওয়ার হুমকি দিই।

আমরা এই নোংরা ধরনের সম্পর্কের মধ্যে দিয়ে যাচ্ছি। আর আপনি ভাবছেন এই সম্পর্ক আপনাকে আনন্দ দিবে। কোন থারাপ জিনিস ই বেশি সময় ধরে ভালো না।

একটা কথা মনে রাখবেন থারাপ এর চেয়েও থারাপ হয়। কিন্তু আপনি কারো সাথে যদি পবিত্র সম্পর্ক করতেন। তাহলে

একে অপরকে ছেড়ে যাওয়ার কোনো কারণ পেতেন না।

আপনার পরিবার না মেনে নেয়ার কোনো কারণ পেত না।

আর তারপরেও যদি সে ছেড়ে চলে যেত, তারমানে আপনি ভুল মানুষকে ভালোবেসেছেন। বা ঈশ্বর আপনার জন্য আপনার যোগ্য মেয়ে রেখেছেন।

এবার আপনি বলবেন এই কথাগুলো তো নীতিকথা হিসেবে খুব ভালো লাগে।

তাহলে আপনি সম্পূর্ণ ভুল ভাবছেন। আমরা অনেক সময় অনেক জিনিস পাই না। তখন আমাদের খুব থারাপ লাগে আর আমরা ঈশ্বরের প্রতি অভিমান করি। ওই জিনিসটার না দেওয়ার জন্য আমাদের কাছ থেকে কেড়ে নেওয়ার জন্য। পরে যখন তার চেয়েও ভালো জিনিস ঈশ্বর আমাদের দেন তখন আমরা বুঝতে পারি ওই জিনিসটা আমাদের কাছ থেকে কেড়ে নেওয়ার কারণ। আমরা কখনোই ঈশ্বরের চেয়ে বুদ্ধিমান হতে পারিনা। অনেক সময়ই আপনি যখন আপনার প্রিয় মানুষের নগ্ন ছবি চাইবেন। আর সে সেটা আপনাকে দেবে না তাহলে হয়তো আপনার অনেক থারাপ লাগবে।

আপনার মনে হবে যে আপনাকে এই সামান্য বিশ্বাসটুকু করতে পারল না।

আপনি একবার ভেবে দেখুন তো আপনি তাকে ভালবাসেন না তার শরীরকে?

অবশ্য এটা ঠিক যে

ভালোবাসার মানুষকে স্পর্শ করতে খুব বেশি ইচ্ছা করবে। তার জন্য অবশ্যই আপনাকে ধৈর্য ধরতে হবে। এবার আপনি হয়তো বলবেন আমি ধৈর্য ধরতে পারছি না।

তার মানে তো অনেকটা এরকম হলো তাই না। আপনি জেদ করতে শুরু করলেন আমাকে আজি বড় পুলিশ অফিসার হতে হবে। সেটা কি সম্ভব। না, সেটা তখনই সম্ভব যখন আপনি পুলিশ হওয়ার জন্য যথেষ্ট পরিশ্রম আর ধৈর্য ধরবেন আর সময়ের অপেক্ষা করবেন।

তাহলে এটা সময় যখন আপনি ধৈর্য আর অপেক্ষা করতে পারছেন।

তাহলে আপনার জীবনের সবচেয়ে মূল্যবান জিনিসটা জন্য আপনি কেন ধৈর্য ধরতে পারছেন না? জিনিসগুলো খুব ছোট বিষয় কিন্তু খুব গভীর চিন্তার বিষয়।

আমরা যখন একে অপরের সাথে কোনো সম্পর্কে থাকবো। তখন আমাদেরকে একে অপরের যথেষ্ট খেয়াল রাখার চেষ্টা করতে হবে।

মানে আমি আরও যদি পরিষ্কার করে বলি তাহলে আমি এটা বলতে চাইছি যে।

আপনার বিপরীত পার্টনার যখন আপনার কাছে শারীরিক সম্পর্ক করতে চাইবে বা সেই বিষয়ে কিছু আপনার কাছে আবদার করবে।

তখন আপনি তাকে সরাসরি বাধা না দিয়ে তাকে মানসিকভাবে বাধা দিবেন। আর আপনি যদি সেই সময় না বলে দেন তাহলে সে আপনাকে বুঝার পরিবর্তে, একটু আপনাকে বেশি ভুল বুঝবে।

তাই আপনি যদি আপনার সঙ্গীর কিছু ভুল দেখেন, তাকে ছেড়ে চলে না গিয়ে, তার পাশে থেকে

সেটাকে সমাধান করার চেষ্টা করুন।

আর আপনি যদি এইভাবে ভাবেন যে আমি কোন একজন পারফেক্ট মানুষকে খুঁজবো। আপনি বিশ্বাস করুন আপনি তা কখনোই পাবেন না।

আমরা কাউকে পারফেক্ট খুজবো, এর চেয়ে ভালো আমরা কাউকে পারফেক্ট বানাবো।

হয়তো একটু সময় লাগবে। কিন্তু যে ফলটা পাবেন সেটা আপনাকে একটু বেশি আনন্দ দিবে।

7
লোকে কি বলবে?

সবচেয়ে বড় হচ্ছে "লোকে কি বলবে"

লোকে কি বলবে এটা আমাদের কাছে একটা আতঙ্কের চেয়ে কোন অংশে কম নয়।

আপনি চাকরি না পান, তাতে আপনার বাড়ির লোকেদের যতটা সমস্যা। তারচেয়েও বেশি পাড়ার লোকেদের বেশি চিন্তা।

আরে আপনি কোন একটা কাজ করতে শুরু তো করুন চারিদিক থেকে কাজটা আপনি কেন করতে পারবেন না। সে কারণটা নিয়ে লোক আপনার কাছে এসে হাজির হয়ে যাবে। তাই এটা আমাদের জীবনের সবচেয়ে বড় একটা সমস্যা।

তাই নয় কি?

আপনার মেয়েটা ধরেন, কোন একটা ছেলের সাথে পালিয়ে গিয়েছে। কয়েক মাস পর আপনি যখন জানতে পারলেন যে তারা ভালই আছে। আর আপনার মেয়ে ভাল আছে এর চেয়ে ভালো খবর আপনার কাছে কি হতে পারে। আপনার তখনই মন করবে তাদের কে বাড়িতে ডেকে নিয়ে। আর ঠিক সেই সময়ই আপনার মাথার মধ্যে আসবে লোকে কি বলবে। তখন আপনি মেয়েটাকে আর বাড়িতে আনতে পারবেন না।

আবার ধরেন আপনি কোন একটা ক্লাসে ফেল করলেন। এবং ফেল করার পর আপনি বুঝতে পারলেন আপনার ভুলগুলো এবং আপনি সিদ্ধান্ত নিলেন আবারো ক্লাসে ভর্তি হব দ্বিতীয়বার। আর এবার ভুলগুলোকে শুধরে ভালো রেজাল্ট করব। এটা আপনার মন বলবে কিন্তু যখন আপনি আপনার মাথায় একটু চিন্তা করবেন তখন দেখবেন আপনার মনে হতে লাগবে যে আমি যদি একই ক্লাসে দ্বিতীয়বার পড়ি তাহলে লোকে কি বলবে।

আপনার ধরেন নিজের শখ পূরণের জন্য চুল কালার করতে ইচ্ছা করলো আপনি পারবেন না আপনার মনে হবে লোকে যদি কিছু বলে।

এবার বুঝতে পারছেন এটা কত বড় একটা সমস্যা। এটাকে অতিক্রম করতে না পারলে আপনি কখনোই ভালো থাকতে পারে না।

আমাদের বুঝতে হবে কোনটা আমাদের প্রয়োজন আর কোনটা আমাদের প্রয়োজন নয়। যেটা প্রয়োজন মনে হবে সেটা এখনই করে ফেলুন।

একটা কথা মনে রাখবেন আপনি এমন কোন কাজ করবেন না যেটা কোন মানুষকে আঘাত

দেয় বা দুঃখ দেয়। কোন মানুষকে আঘাত আর দুঃখ দেওয়া ছাড়া আপনি যেটা করবেন করতে পারেন। সেটাতে হাজার লোক বললেও।

আপনি যখন ছোট ছিলেন তখনো লোকে বলতো। আর এখনো লোক বলে আর ভবিষ্যতেও বলতে থাকবে। তাই তাদের কথা গান কখনোই দেবেন না। কারণ আপনি যতবার তাদের কথায় কান দিবেন ততবার নিজেকে আঘাত করবেন। বা নিজেকে তাদের কাছে আঘাত করার জন্য অনুরোধ করছেন।

মনে রাখবেন জীবনটা একবার পেয়েছেন তাই এমনি হারিয়ে যেতে দিবেন না।

আপনি পৃথিবীতে এলেন কিছুদিন থাকবেন তারপরে চলে যাবেন।

আপনি নিজের জন্য, নিজের পরিবারের জন্য, এই পৃথিবীর জন্য কিছু করতে চান না। তাহলে তো আপনাকে ঈশ্বরের তৈরি করা বৃথা হল।

আমি মনে করি পৃথিবীর প্রত্যেকটা মানুষের মধ্যে ঈশ্বর কিছু না কিছু গুণ দিয়ে পাঠান। আর সেই গুনটা যদি আপনারা যদি পৃথিবীর সামনে তুলে না ধরেন। তাহলে ঈশ্বরের দেও একটা উপহার হাবরা মিস করলাম বা আমরা হারিয়ে ফেললাম তাই নয় কি।

লোকের কথা বলছেন লোক আপনার ব্যাপারে কখন কথা বলে জানেন তো যখন আপনি যে কাজটা করছেন সেই কাজটা সেও করার চেষ্টা করেছিল কিন্তু সে পারেনি তাই আপনাকে সে বারন করেছে যে আপনিও পারবেন না।

এখানে সে আপনাকে বারণ করে না বরং আপনাকে এটা বোঝানোর চেষ্টা করছে যে আপনি তার চেয়ে কত বেশি যোগ্য।

লোকে কি বলছে এটাকে কখনো খারাপ ভাবে নিবেন না।

মনে রাখবেন তাদের এই কথাগুলোই আপনাকে আপনার লক্ষ্যে পৌঁছতে সাহায্য করবে। তারা আপনাকে অনুপ্রেরণা দিচ্ছে হয়তো তাদের বলার ধরনটা খারাপ কিন্তু তাদের উদ্দেশ্য খারাপ না।

আর আপনি যদি লোকের কথায় ভয় পান। তাহলে আপনি যে কাজটা করছেন শুধু সেই কাজটাই নয় বরং সামনে কোন কাজ করতে পারবেন না লোকের ভয়ে।

যেমন ধরেন লোকে আপনাকে বলছে, আপনি চাকরি পান না কেন?

আপনি তাদের কথাকে খুব সিরিয়াস ভাবে নিলেন এবং একটা সরকারি চাকরি লাগিয়ে ফেললেন।

আপনি ভাবছেন তারা আপনার তারিফ করবে মোটেও করবে না তারা কি বলবে জানেন!

'তোমার চাকরিটা তে না, বেতন কম, আমার সেই ভাইয়ের ছেলেটা তোমার বয়সেরই, সে তোমার চেয়ে দ্বিগুণ টাকা পায়'

তাই কখনো তাদের কথা শুনে তাদেরকে ইমপ্রেস করতে যাবেন না। কারণ তারা আপনার কোন কাজেই কখনো খুশি হবে না।

তাই তাদেরকে ইমপ্রেস করা ছেড়ে দেন। বরং তাদেরকে ইমপ্রেস করুন যারা আপনার কেয়ার করে আপনাকে ভালোবাসে। আপনার কিছু হয়ে গেলে তাদের কষ্ট লাগবে।

তাদের কথা শুনুন।

দেখবেন আপনাদের জীবনে বেশ কিছু এ ধরনের বন্ধু আছে। যারা নিজেকে ভালো করতে গিয়ে আপনাদেরকে দুঃখ দিয়ে ফেলে।

মানে ধরুন কোনো একটা কাজ আপনি করলেন। এখানে আমি উদাহরণ দিয়ে বোঝানোর চেষ্টা করি।

ধরেন আপনি একটা গাড়ি কিনলেন। তো আপনার বন্ধু টা আপনার কাছে এসে পড়বে যে গাড়িটা ভালো কিন্তু, রাহুল বলছিল যে গাড়িটার রং টা ভালো নয়। আমি তাকে বললাম যে এই রংটা সবচেয়ে বেশি ভালো। এখানে তারা আসল উদ্দেশ্য ছিল সে আপনার কাছে ভালো হতে চাই। কিন্তু বুঝতেই পারলো না যে, সে আপনাকে কষ্ট দিয়ে ফেলল। এই ধরণের মানুষরা হচ্ছে সবচেয়ে বেশি ভয়ঙ্কর। বেঁচে থেকে যত পারবেন দূরে থাকার চেষ্টা করবেন। এরা হচ্ছে সেই মানুষ যার জন্য আপনি সবকিছু করার পরও বলে যে আপনি তাদের জন্য কিছুই করেননি। এবার আপনি বুঝতে পারছেন আমি আপনার কোন বন্ধুদের

কথা বলছি।

আপনি যা ভাবছেন সেই বন্ধুদের কথাই বলছি।

আসলে একটা কথা আছে আমাদেরকে কখনোই বাইরের লোক কষ্ট দিতে পারে না। সব সময় সেই লোক গুলো দেয় যারা আমাদের সবচেয়ে কাছের লোক হয়।

আর এটাই হচ্ছে আমাদের বুঝার বিষয়।

লোক আসলে বাইরের হয়না। লোক সবসময় আমাদেরই আত্মীয়-স্বজন বন্ধুবান্ধব হয়।

আসলে এরা আপনাদের কে। আপনাদের মনে একটা ভয়ের সৃষ্টি করে। এদেরকে কখনই নিজের জীবনের অংশ মনে করবেন না।

আমাদের মাথার মধ্যে প্রত্যেকদিন 60 থেকে 70 হাজার খারাপ চিন্তা আসে। আর তার মধ্যে সবচেয়ে বেশি যে চিন্তাটা আমাদেরকে ব্যাকুল করে, এটা হল "লোক কি বলবে"

আর আমরা এই চিন্তাটা যতবার করব, ততবার নিজেকে নিয়ন্ত্রণ করার রিমোটটা অন্যদের হাতে তুলে দেব।

যখন আমরা এই কথাটা নিয়ে বেশি চিন্তা করব ততই আমরা লোকের কথা শুনতে শুরু করব। এই কথাগুলো আমরা সবাই জানি কিন্তু এই কথাগুলো আমাদের কেন মাথার মধ্যে থাকে?

উত্তরটা খুব সাধারণ?

কারণ তারা আমাদের সব সময় দুর্বল কেন্দ্রবিন্দু তাকে আঘাত করার চেষ্টা করে। যার ফলে আমরা সবকিছু

জানা সত্ত্বেও লোকের কথা শুনতে বাধ্য হয়। তাহলে এদের কথা আমরা কেন শুনি?

যদি আমি এটাকে একটু বিশ্লেষণ করে বোঝানোর চেষ্টা করি, তাহলে দেখবো যে আমরা সব সময় পরনির্ভরশীল।

এটা আমি কেন বলছি সেটা কি আমি আরও একটু বুঝিয়ে বলার চেষ্টা করছি।

ধরেন আপনি প্রত্যেকদিন টিউশনে যান। তো আপনি একদিন ভাবলেন যে আজকে টিউশন যাবেন না, তার বদলে আপনি সিনেমা দেখতে যাবেন। সিনেমা হলে যাবার পথে আপনার পরিচিত একটা ব্যক্তি যাকে আপনি কাকা বলে ডাকেন। আপনাকে দেখে ফেলেছে। এখানে আপনার ভয় হবে যে, সে যদি বাড়িতে বলে দেয় তাহলে আপনাকে বকাবকি করবে। এখানে আপনি সেই বৃদ্ধ ব্যক্তিকে ভয় পান না। আপনি আপনার বাবা মাকে ভয় পাচ্ছেন। ঠিক এটাই আসলে আমরা লোকেদের ভয় পাইনা। ভয় পাই ওই লোকেদের দাঁড়া যেন, আমাদের আপন কেউ কষ্ট না পায়।

যদি আমি রাস্তাঘাটে মাস্তানি করি। তাহলে হয়তো লোকে কি বলবে। এটা আমি ওপর ওপর ভাবি। এর ভেতরে যে ভাবনাটা আছে সেটা হচ্ছে, যে আমারেই মাস্তানি যখন লোকটা আমার আপন জন দের কে বলবে তখন তারা আমার এই ব্যবহারের জন্য কষ্ট পাবে।

এটাকে যদি আরো সঠিকভাবে বোঝানোর চেষ্টা করি তাহলে এটা অনেকটা এরকম হবে যে, ধরেন আপনি আপনার জীবনে কোন একটা কাজে ব্যর্থ হয়েছেন। দেখবেন দ্বিতীয়বার ওই কাজটা করতে আপনার ভয় হবে যদি এবার আপনি ব্যর্থ হন তাহলে আপনাকে নিয়ে লোকে কি বলাবলি করবে। এটা হচ্ছে আমাদের ওপর ওপর দেখানো একটা ভয়। কিন্তু এর ভিতরে যে আসল ভয়টা আছে সেটা হচ্ছে। যে আমরা যখন প্রথমবার ব্যর্থ হয়েছিলাম তখন আমাদের সাথে থাকার লোক গুলোও আমাদের পরিবারের লোক গুলো আঘাত কষ্ট এবং আমার দ্বারা তারা ক্ষতিগ্রস্ত হয়েছিল। আর আমি দ্বিতীয়বার ব্যর্থ হয়ে তাদেরকে ঠিক একইভাবে ক্ষতিগ্রস্ত ও আঘাত দিতে চাই না। তাই আমার লোকের কথায় ভয় লাগছে।

আর এখান থেকে বের হওয়ার জন্য আমাদের যেটা করতে হবে সেটা হচ্ছে। যে আমাদের এমন চিন্তা না করে আমাদেরকে এমনটা চিন্তা করতে হবে। যে ওই কাজটা আমরা দ্বিতীয়বার এই কারণে করতে চাইছি যাতে আমাদের সাথে থাকার লোক গুলো মাথা উঁচু করে বাঁচতে পারে।

তাই আমরা যখন কোন জিনিসের সঠিক উদ্দেশ্য খুজে পাব। আমরা আর লোকের কথা ভাববো না।

জীবনে চলার পথে,সব সময় কোন কাজ করার পেছনে উদ্দেশ্য টা সঠিক রাখার চেষ্টা করবেন। দেখবেন লোকের কোনো কথায় আপনার আর কিছু যায় আসে না। ভাই এটা যদি আমরা করতে পারি তাহলে। এই বড় সমস্যা সমাধান আমরা করতে পেরে যাব।

8

আমি কারো কেয়ার করি না

I don't care

কথাটা শুনতে শুনতে বিরক্ত লেগে গেল। আরে আপনি সোশ্যাল মিডিয়া থেকে শুরু করে টেলিভিশনের পদার্থ দেখতে পাবেন। আমি কারো কেয়ার করি না কথাটা।

ক্লাস ফাইভ এর ছাত্র ছাত্রীরা নিজের bio তে লেখালেখি করে।যে দুনিয়া কে কি বলছে তাতে আমার কিছু যায় আসে না। আর এখন আর একটা জিনিস আছে। আমি কারো কেয়ার করি না এই কথাটা বোঝানোর জন্য এখন আমরা মিডিল ফিঙ্গার দেখায়। নিজেকে সমাজের চোখে কুল দেখানোর জন্য।

আমি যখন ক্লাস টুয়েলভে পড়তাম। তখন দেখতাম যে যেদিন মাদার্স ডে পড়তো সেদিন সবাই স্ট্যাটাস দিয়ে হ্যাপি মাদার্স ডে লিখতো। সাথে নিজের মায়ের ছবি দিয়ে দিত।

আমি কিন্তু দিতে পারতাম না। আমি একটু লাজুক প্রকৃতিরও সেইজন্য। আমিও ভাবতাম আমি তো আমার মাকে অনেক ভালোবাসি তাহলে আমি দিচ্ছি না কেন। আবার সবাইকে দেখতাম নিজের পরিবারের কেউ মারা গেলে স্ট্যাটাস দিত। আমি কিন্তু দিতে পারতাম না। তখন নিজেকে খুব অপরাধী মনে হতো। কিন্তু আস্তে আস্তে যখন বুঝতে শিখলাম তখন দেখলাম যখন আমাদেরকে কোন জিনিস কেয়ার করে বা কেউ আমাদের যখন খেয়াল রাখে তখন সত্যিকারে বলতে আমরা তাদের গুরুত্ব বুঝতে পারিনা। কেউ ছেড়ে চলে গেল আমরা স্ট্যাটাস তখন আমি বুঝতে পারলাম। আমি কখনোই স্ট্যাটাস দিই নি কারণ আমার ভালোবাসায় কখনো কোনো কমতি পড়েনি।আপন লোক যখন মারা যায়। তখন আপনি তার স্ট্যাটাস লাগাতে পারবেন না। তাই আমরা এই কেয়ার করি না কথাটা বলছি।

এটা কেয়ার করি না বলে বলি না বরং কেয়ার করি বলে এটা বলি। কারণ আপনি যদি সত্যিই কোন বিষয়ে কেয়ার না করেন তাহলে সেই বিষয়টা নিয়ে আপনি ভাববেন না। তাহলে আপনি কেন লিখতে যাবেন যে কেয়ার করি না।

প্রথম কথা আমরা সব জিনিসকে কেয়ার করি। আমরা যখন কোন মানুষকে পছন্দ করিনা তখন আমরা নিশ্চয়ই সবাইকে বলে বেড়াব না যে তাকে আমি পছন্দ করিনা বরং যে জায়গা গুলোতে

তার ব্যাপারে কথা উঠবে সেই জায়গাগুলো আমি যাবোই না।

তাই না।

দ্বিতীয় কথা আপনাদের কেন মনে হয় যে কেয়ার করাটা খারাপ?

বুঝতে হবে, জানতে হবে।

বুঝতেই পারিনা যে কখন নিজেকে সবার সামনে কুল দেখানোর জন্য কত অপরজনকে কষ্ট দিয়ে ফেলেছি।

আমরা অবশ্যই কেয়ার করি আমাদের অবশ্যই কেয়ার করা উচিত। আমরা যদি কারো কেয়ার করি তাহলে সে আমাদের কেয়ার করবে।

একবার ভাবুন তো কেউ আমার সাথে ভালো ব্যবহার করছে তাকে আমি কেন খারাপ ব্যবহার দেখাবো। সেটা দেখানো কি কখনই ঠিক হবে।

মিডিল ফিঙ্গার কেন দেখাবো?

আপনি যখন বড় হবেন। তখন জানেন আপনি আপনার ফেসবুক খুলে যখন দেখবেন। যে ,মিডিল ফিঙ্গার দেখিয়ে আপনি ছবি আপলোড করেছেন। জানেন সেই দিন নিজের উপর নিজেকে হাসবেন আর ভাববেন আপনি কত বোকা ছিলেন।

আপনি কি চান সেই ছবিগুলো আপনার ছেলে-মেয়েরা দেখুন আর ভাবুন তাদের বাবা-মা কেমন ছিল।

একটা কথা মনে রাখবেন আমরা বর্তমানে কি করছি সেটার উপর নির্ভর করছে আমাদের ভবিষ্যৎ টা কেমন হবে। আমরা যদি বর্তমানে একটাও ভুল করে ফেলি না । সেটার জন্য আমাদের অবশ্যই ভবিষ্যতে মাশুল গুনতে হবে।

আমাদের একটা সমস্যা আছে কি বলেন তো আমরা সব সময় সামনের লোকের কাছ থেকে ভালো ব্যবহার আশা করি। কিন্তু আমরা নিজেরা কারো সাথে ভালো ব্যবহার ভালো আচরণ কিছু করিনা। এবার হয়তো আপনারা বলবেন

তুমি ভুল বলছো। হ্যাঁ আমরা ভালো আচরণ করি কখন বলেন তো ,যখন আমাদের স্বার্থ থাকে। আসলে দুনিয়ার মানুষ স্বার্থপর নয় আমরা নিজেরা স্বার্থপর। আমরা নিজেরা বলবো কারো কেয়ার করি না আর লোক আমাদের কেয়ার করবে এটা ভাবলেন কি করে বলেন তো।

আমি যদি সত্যিই কেয়ার করি না কথাটা ব্যবহার করি তাহলে ভুল হবে। এবার বলেন তো আমরা আসলে কেয়ার টা কেন করি।

আপনি যদি একটু ভালো করে চিন্তা করেন তাহলে দেখবেন যে আমরা যখন বাল্য অবস্থায় ছিলাম তখন কিন্তু আমরা সত্যিকার অর্থে কাউকে কেয়ার করতাম না।

মানে ধরেন আপনাকে যদি বাচ্চা অবস্থায় কোন আইপিএস অফিসারের কোলে চাপিয়ে দেয়া হয়। আর সেই সময় যদি আপনার পেচ্ছাপ পায় আপনি সঙ্গে সঙ্গে তা করে দেবেন।

আপনি একবারের জন্য ভাববেন না যে আপনি কার কোলে আছেন।

ঠিক তো।

কিন্তু আর যদি আপনাকে কোন আইপিএস অফিসারের সামনে দাঁড়াতে বলি তাহলে দেখবেন আপনার দাঁড়াতে পর্যন্ত ভয় লাগবে।

ঠিক !

এটা কিভাবে সৃষ্টি হলো বলুন তো। এটা সৃষ্টি হলো ভয় থেকে। কারণ আপনি যদি দেখেন আপনি

যখন ছোট ছিলেন তখন আপনি কারো কথা শুনতেন না। তাছাড়া আপনি কাউকে পরোয়া করতেন না। কিন্তু আস্তে আস্তে আপনি যত বড় হতে শুরু করেন ততই আপনার আত্মীয়-স্বজন থেকে শুরু করে সমাজের লোক সবাই আপনাকে। ছোট ছোট বিষয়গুলোর ওপর বারণ করতে শুরু করে।

যেমন ধরেন এটা করো না ,ওটা করো না, এটা করলে তোমার এই ক্ষতি হবে। ওটা করলে তুমি অসুস্থ হয়ে পড়বে। এই ধরনের কথা আমরা ছোট থেকে শুনতে শুনতে অভ্যস্ত হতে থাকি। যার ফলে আমরা যখন প্রাপ্ত বয়সে আসি।

তখন আমাদের মধ্যে আর সেই বাচ্চাটা থাকেনা। আমরা জীবনে এত বার মানুষের কাছ থেকে রিজেকশন পেতে থাকি। যা আস্তে আস্তে আমাদেরকে ছোট ছোট জিনিস গুলো ভাবতেও ভয় লাগে। এটা করতে পারব তো।

আমাদের মধ্যে থাকা সাহসী সত্তাটাকে এই সমাজ মেরে ফেলে। যার ফলে আমরা বড় তো ঠিকই হই কিন্তু আমরা ভীত হয়ে পড়ি।

যার ফলে আমরা যেটা করিনা কেন, সব কাজ করতে আমাদের ভয় লাগতে শুরু হয়। আরো ভালো করে বললে কোন কাজ শুরু করার প্রথমে তার থারাপ দিকগুলো আমরা দেখতে পাই। আর সেখানেই সেই কাজটা বন্ধ করে দিই। এটা আমাদের সবচেয়ে বড় রোগ।

আপনারা যদি দেখেন তাহলে দেখবেন আমি বইটি প্রথম দিকেই বলেছিলাম যে মানুষ কিভাবে বড় হওয়ার সাথে সাথে স্বপ্নগুলো দেখতে ভয় পেতে থাকে। মানে কোন একটা বাচ্চাও কে যদি আপনি জিজ্ঞাসা করেন তুমি কি হতে চাও? দেখবেন সে বলবে ডাক্তার ইঞ্জিনিয়ার মহাকাশচারী ইত্যাদি। কিন্তু তাকে যদি আপনি 22 বছর পর জিজ্ঞাসা করেন তুমি কি হতে চাও। তাহলে সেই ছেলেটা বলবে একটা ছোটখাট চাকরি হলেও চলবে। এটা আমাদের ব্যর্থতার ফলে সৃষ্টি হওয়া একটা ভয়। আস্তে আস্তে আমাদের ভালো সত্তাটা সাহসী সত্তাটা কোথায় যেন হারিয়ে যাচ্ছে।

আপনি কি কখনো এই বিষয়ে আগে ভেবেছিলেন।

আশা করি না হবে।

এখানে কাউকে পরোয়া না করার প্রশ্ন না।

আমাদের কে সমস্যা গুলোর ভিতরে গিয়ে বুঝতে হবে,, জানতে হবে। না হলে আমরা উপরে উপরে কখনোই সমস্যার সমাধান গুলো বার করতে পারবোনা।

আমি বলতে চাইছি আমাদেরকে আমাদের মনের মধ্যে মরে যাওয়া সত্তাটাকে, বা সাহসী সত্তাটাকে জাগাতে হবে। যতক্ষণ না সেটা কে আমরা জাগাতে পারব । ততক্ষণ আমরা ভালো থাকতে পারিনা। আমরা যতই বড় হই না কেন, আমাদের মধ্যে থাকা বাচ্চাটাকে কখনোই মারলে চলবে না।

এখন কথা হচ্ছে তাহলে আমাদের মধ্যে থাকা সেই সাহসী বাচ্চাটা মারা গেল কি করে?

এর উত্তর আপনারা হয়তো কঠিন ভাবছেন কিন্তু একদমই না।

আসলে আমাদের একাধিক ছোটখাট ভুল এর মাধ্যমে এই সত্তাটাকে আমরা মেরে ফেলেছি।

যেমন ধরেন আমরা কখনো মন দিয়ে পড়াশোনা করিনি। যার ফলে আমরা ক্লাসে ভালো রেজাল্ট করিনি। তাহলে দেখবেন আমাদের পড়তে ভয় লাগবে। যতবার আমাদের কোন জিনিসে ভয় লাগবে। ঠিক ততবার ধীরে ধীরে আমাদের মধ্যে থাকা সাহসী সত্তাটা মারা যাবে।

এখানে কিন্তু সাহসী সত্তাটাকে সমাজ মারেনি। আমার আপনার নিজেদের ভুলের কারণে মারা

গেছে।

তাইতো।

আমি বইটি প্রথম থেকেই বলে আসছি, যে আমাদেরকে ভালো থাকার জন্য প্রত্যেকটা জিনিস কে খুব নিখুঁতভাবে দেখতে হবে। জানতে হবে যে কোনটা আমাদের প্রয়োজন।

আর কোনটা না।

এখন কি করে জানাবেন এটাও খুব সোজা। আপনার যে ভুলগুলো কে এখনো শোধরানো সম্ভব সে গুলোকে শুধরে ফেলুন। আর মাথার মধ্যে রাখবেন সামনেও যেন অপ্রয়োজনীয়' ভুল না করেন।

আসলে আপনি যদি নিজেকে সব সময় সহজ সরল ও সত্য পথে নিয়ে যান তাহলে আপনার মধ্যে কখনোই সেই সাহসী সত্যটা মারা যাবে না।

আমাদের মনের মধ্যে যতবার দুনিয়ার মায়া বাড়তে থাকবে ততবার আমাদের মাধ্যমে ভুল কাজ ভুল পথ এগুলো চলতে থাকবে। যতবার এগুলো চলতে থাকবে ততবার আমাদের মধ্যে থাকা সাহসী বাচ্চা সত্যটা মারা যেতে থাকবে।

এর ফলে আমরা যেটা করব যা করব তাতেই ব্যর্থ হতে থাকব। যতবার আমরা ব্যর্থ হব ততবার আমাদের মধ্যে নেমে আসবে হতাশা দুঃখ ঈর্ষা রাগ ইত্যাদি।

মুখে কোন কথা বলা আর বাস্তবে তাকে রূপান্তরিত করা সত্যিই কঠিন। আমাদের বুঝতে হবে যে আমরা যা বলছি তা বাস্তবের সাথে ঠিক কতটা মিল। কারণ আমাদের ভুলভাল কথা বার্তার মাধ্যমে সমাজে লোকের চোখে একটা ভুল প্রতিচ্ছবি গড়ে তুলছি যার আদৌ প্রয়োজন নেই।

এবার আপনাদের আবার মনের মধ্যে প্রশ্ন হতে পারে তুমি তো একটু আগে বললে যে সমাজকে মানতে নেই। আবার এখন বলছ সমাজকে মানতে হয়। প্রথম কথা আমি কখনোই বলিনি যে সমাজকে মানতে হয় না। কারণ আপনি মানুন আর নাই মানুন আমরা একে অপরের পরিপূরক। তাই আপনি সমাজকে ছাড়া আর সমাজ আপনাকে ছাড়া কখনই গড়ে উঠতে পারে না। সহজ ভাবে বললে একে অপরকে ছাড়া কখনই চলবে না। আপনি একবার ভাবুন আপনি কথাটা কি বলছেন আপনি ওই সমাজেই থাকবেন আর আপনাকে আমি সমাজের লোক বলবো না। বা আপনি যে সমাজে থাকবেন সেই সমাজকেই আপনি অবহেলা করবেন।

সমাজ কখনো খারাপ হতে পারে না। আপনাকে মনে রাখতে হবে প্রত্যেকটা জিনিসের দুটো দিক হয় একটা খারাপ অপরটা ভালো। আর এটা তার ব্যতিক্রম নয়।

আমার উদ্দেশ্য কখনোই হতে পারেনা আপনাকে একা থাকতে বলা। কারণ আপনি একা থাকলে ভালো থাকবেন না।

এতক্ষণে আশা করি আপনারা বুঝতে পেরেছেন যে আমাদের কাদেরকে কেয়ার করি না বলা উচিত আর কাদেরকে না। আপনি যদি আমাকে জিজ্ঞাসা করেন তাহলে আমি বলব কাউকেই বলা উচিত না। আপনার যাকে ভাল লাগে না তাকে আসলে কিছু বলতে যাবেন কেন?

৯

বাবা-মা আমাকে বোঝেনা

পৃথিবীতে যদি আমাদের সবচেয়ে কাছের কেউ থাকে সেটা হচ্ছে এই দুইজন বাবা ও মা। কিন্তু যখনই আমরা একটু বড় হয়। মানসিকভাবে নয় দেহের দিকে যখন আমরা বড় হয়। তখন আমাদেরকে পিতামাতাদের কে ভালো লাগেনা। আধুনিক যুগে নিজেদেরকে সবার সামনে স্মার্ট তুলে ধরার জন্য নিজেদের বাবা-মাকে ক্রমাগত আমরা ভুল প্রমাণিত করতে থাকি। আমরা ভুলে যাই যে তাদের হাত ধরেই আমাদের কথা বলা শুরু হয়।

বর্তমানে আমাদের সকলের একটা অভিযোগ থাকে। দেখবেন যে, আমি ওটা করতে চাই ,ওটা আমার বাবা করতে দেয় না। বা আমি ওটা কিনতে চাই ,মা ওটা কিনে দেয় না।

বর্তমানে আমরা সোশ্যাল মিডিয়ায় এতটাই নিজেকে ইনফ্লুয়েন্স করে ফেলেছি যে। আমাদের মনে হয় তারা যে দিশা দিয়েছে আমাদেরকে সেটাই সঠিক। মানে তারা দেখবেন একটা কথা বলে নিজের passion কে ফলো করো। আর তারপর থেকেই আমরা ফলো করতে শুরু করি। তখন আমরা আবদার করতে শুরু করি

আমাকে সিঙ্গার হতে হবে তাই পড়াশোনা ছেড়ে দেবো।

আমি পেইন্টিং করতে চাই।

আমি অভিনয় করতে চাই।

এই ধরনের উল্টোপাল্টা কথা বলতে শুরু করি বাবা-মার কাছে। আর তখন আমাদেরকে তারা বকাবকি করে আর সেটা শুনে আমরা তখন ভাবি যে আমাদের পাশে তারা নেই। আসলে তারা আমাকে বুঝেনা। তারপর থেকে আমরা নিজেদের ইচ্ছামত যেটা ভালো লাগে সেটা করতে শুরু করি। অভিমানে আমরা আমাদের বাবা-মার সঙ্গে কথা বলা বন্ধ করে দিতে শুরু করি । বাবা মার সঙ্গে কথা না বলা। যার ফলে আমরা কখনোই বুঝতে পারি না যে আস্তে আস্তে আমরা কখন তাদের থেকে দূরে সরে গিয়েছি। তাদেরকে ছাড়া আমরা আমাদের জীবন গুছিয়ে দিতে শুরু করেছি। একা চলতে শুরু করেছি। এবার বলুন এখানে দোষ কাদের আমাদের না আমাদের বাবা-মার। না তারা কখনও আমাদেরকে তাদের কাছ থেকে আলাদা হতে বলেছিল। আরো সোজা ভাষায় যদি বলি, আপনি যে কি হতে চান সেটা কখনো তাদেরকে বুঝিয়ে বলেছেন। তাহলে আপনি কি হতে চান সেটা তারা কিভাবে বুঝবে। আপনার কোন বিষয়ের ট্যালেন্ট আছে সেটা আপনি নিজে খুঁজে বার করতে পারেননি তাহলে তারা আপনার মধ্যে থেকে সেগুলো কিভাবে খুঁজে বার

করতে পারে।

আপনি একবার ভেবে দেখুন আপনার একটা ছেলে আছে সে আপনাকে এসে বলল বাবা আমি পড়াশোনা করবো না। আমি ক্রিকেটার হব। আপনার কেমন লাগবে?

না এর আগে সে কোন বড় ম্যাচ খেলেছে। হয়তো পাড়ার ছেলেরা ছাড়া কারো সাথে খেলে নি। এমনকি সে পাড়ার সব ছেলেদের চেয়েও ভালো খেলে না। শুধু একদিন কয়েকটা বলে হয়তো ছয় মেরেছে আর গ্রামের লোকেরা তাকে উৎসাহ দিয়েছে তাতেই সে আপনার কাছে আবদার করে যে সে একজন ক্রিকেটার হবে।

এবার বলেন আপনি পড়াশোনা তার ছাড়িয়ে দিয়ে তাকে মেনে নিবেন।

কখনোই না।

একটা কথা মনে রাখবেন। আমরা সব সময় যে সিদ্ধান্তগুলি নি সেগুলি প্রত্যেকটা অতীতের সাথে যুক্ত থাকে। হয়তো আপনার বাবা-মা জীবনে কিছু করতে চাইত তারা সেটা করতে পাইনি। বিভিন্ন অসুবিধার কারণে তাই হয়তো আপনার এ সিদ্ধান্তে তারা তাদের অতীত টাকে দেখতে পাচ্ছে।

এমন একটা অতীত যেখানে শুধুমাত্র ধ্বংস আছে।

তাহলে একটু ভেবে দেখুন তারা চায় না যে আপনারাও তাদের মতো করে নষ্ট হন। তাই তাদের সাথে বিষয়গুলো নিয়ে রাগারাগি না করে। তাদেরকে জিনিসগুলো বুঝিয়ে বলুন। যেন তারা দেখতে পায় যে আপনি যেটা করতে চাইছেন। সেটা একদম সঠিকভাবে করছেন। আপনি দেখবেন আপনার কাজটা করার জন্য যে সমস্ত জিনিসপত্র দরকার সেগুলো যতই দামি হোক না কেন আপনার বাবা-মা ঠিক কিনে দিবে।

একবার তাদেরকে বুঝে দেখুন সব উত্তর পেয়ে যাবেন।

জানেন তো জীবনে এমন কিছু জিনিস আছে যেগুলো আমরা যতক্ষণ না সেই জায়গাতে যেতে পারে ততক্ষণ পর্যন্ত সেটা বুঝতে পারিনি। ঠিক তেমনই হচ্ছে বাবা-মার স্থানটা।

আপনাকে আমি যতই বোঝায় না কেন। আপনি হাজার হাজার উপন্যাস পড়ে নেন না কেন। ততক্ষণ পর্যন্ত আপনি এগুলো ঠিক ভাবে বুঝতে পারবে না যতক্ষণ না আপনি কারো বাবা হচ্ছেন। যখন হবেন তখন দেখবেন প্রত্যেকটা জিনিস আপনার পরিস্কার মনে হবে। আজ আপনি আপনার বাবা-মা কে যে প্রশ্নগুলো করতে চান সেই প্রশ্নগুলোর উত্তর আপনার কাছে পরিস্কার ভাবে থাকবে।

কিন্তু তখন আপনি বারবার অতীতে ফিরে গিয়ে তাদের সাথে খারাপ ব্যবহারগুলো করার জন্য নিজেকে অপরাধী বোধ করবেন।

তাদের সাথে সময় না কাটানোর জন্য নিজেকে কষ্ট লাগবে।

দেখবেন তাদের বুকে জড়িয়ে ধরে কান্না করতে ইচ্ছে করবে। কিন্তু হয়তো দেখবেন তারা হয়তো এই পৃথিবীতেই নেই।

আর তখন আপনি বয়স্ক মানুষদের মধ্যে নিজের বাবাকে খুঁজতে থাকবেন। পরের মধ্যে নিজের বাবাকে না খুঁজে এখনই তাদের সাথে কথা বলুন। আপনি তাদের সাথে মন খুলে হাসুন। আপনি হয়তো জানেন না যে আপনারা তাদের কাছে কতটা মূল্যবান। জানেনতো তারা যতই কষ্টে থাকুক আপনি যদি তাদের সামনে একবার হাসিমুখে কথা বলেন তাদের সমস্ত দুঃখ কষ্ট দূর হয়ে যাবে।

এখন একটা জিনিস লক্ষ্য করবেন দেখবেন আমরা এখন গ্রাম থেকে শহরে গিয়ে পড়াশোনা করি

বা কাজের উদ্দেশ্যে থাকি। সেখানে আমরা নিজেদেরকে সবসময় সবার চেয়ে শ্রেষ্ঠ প্রমাণ করার জন্য আমরা আমাদের গ্রামে থাকা বাবা-মাদের পরিচয় দিতে চাইনা।

ভাবি আরে আমার বাবা-মা তো সেই ধরনের পোশাক-আশাক পরে না তাহলে আমার বন্ধুরা কি বলবে।

আমার গার্লফ্রেন্ড আমাকে গরিব মনে করে যদি ছেড়ে চলে যায়?

একটা কথা মনে রাখবেন যারা আপনাকে সত্যি কারের ভালবাসে তাদের কিছু যায় আসে না আপনি কেমন। কোথা থেকে উঠে এসেছেন। তাই আপনার সাথে থাকা প্রত্যেকটা মানুষ আপনার জীবনের সাথে জড়িয়ে আছে। তাই তাদের কখনো আলাদা করবেন না। আপনার বাবা-মা আছে এটা আপনার কাছে গর্বের বিষয় তারা যেমনই হোক না কেন তারা আপনার বাবা-মা। তাই তাদেরকে কখনো লুকিয়ে রাখবেন না।

তারা আপনার গর্ব করার বিষয়।

10
fake world

Fake fake fake......

Fake এ কথাটা আজকের দিনে খুবই চেনা এবং ব্যবহৃত একটি কথা। আজকের দিনে যেদিকে তাকাবেন, যেটা কিনবেন, যেটা খাবেন যেটা পড়বেন প্রত্যেকটা জিনিস এই fake কথাটি জড়িয়ে আছে।

জিনিসগুলোর সাথে সাথে আস্তে আস্তে মানুষগুলো কেন জানিনা fake মনে হচ্ছে। এমনকি তাদের ব্যবহার গুলো fake মনে হচ্ছে তাই নয় কি?

এই কথাটা এখনকার দিনে আমাদের কাছে এখন একটা বিষের মত। চারিদিকে ছড়িয়ে রয়েছে। এটাকে এখনই থামানো দরকার।

কারণ এই কথাটাই আমাদেরকে ভালো থেকে সবচেয়ে বেশি আটকাচ্ছে। তাই আমাদেরকে খুঁজে বার করতে হবে। যে আমাদের জীবনে এই কথাটা কোথায় কোথায় ব্যবহার হচ্ছে।

সেই ব্যাপার গুলো আমাদেরকে বন্ধ করতে হবে। যতক্ষণ না সেটা আমরা বন্ধ করতে পারছি ততক্ষণ পর্যন্ত আমরা ভালো থাকবো না।

এবার বিষয়গুলোকে আস্তে আস্তে বিশ্লেষণ করার চেষ্টা করছি।

আজকের দিনে আমরা মানুষকে দেখাতে পছন্দ করি। বিশ্বাস হচ্ছে না তাহলে একবার যেকোনো মানুষের সোশ্যাল মিডিয়া গুলো দেখবেন যেমন হোয়াটসঅ্যাপ ফেসবুক ইনস্টাগ্রাম। এবং সেখানে গিয়ে তাদের লাইফস্টাইল দেখবেন। দেখে মনে হবে একজন আরেকজনের চেয়ে কত ধোনি কত ভালো আছে। দেখে মনে হবে তাদের জীবনে কোন সমস্যাই নেই। আর এদেরই যদি আপনি বাস্তব জীবন দেখেন তাহলে দেখবেন একজন আরেকজনের চেয়ে বেশি কষ্টে আছে। একজন আরেকজনের চেয়ে বেশি গরিব। এদের দেখে আমরা নিজেদেরকে তাদের চেয়েও বেশি আমরা তাদের চেয়েও বড় এটা প্রমাণ করতে আমরা ব্যস্ত থাকি।

তাতে আমাদের জীবনে যতই সমস্যা থাকুক না কেন।

আমরা আস্তে আস্তে ভুলে গিয়েছি যে আমাদের প্রয়োজন টা কি। কোন জিনিসটা আমাদের প্রয়োজন। শুধু আমাদের এখন ও ওটা নিয়েছি তাই আমাকে নিতে হবে।

আর কতদিন পরের স্বপ্নগুলো আমরা পূরণ করতে থাকবো।

থাক না ও নিয়েছে ওটা ওর প্রয়োজন আমার না তো তাহলে আমি কেন নেব।

আমি একটা ছোট্ট গল্পের মাধ্যমে শুরু করছি, আমি তখন বর্ধমানের একটা হোস্টেলে পড়তাম। সেখানে সবাই সিগারেট মদ খেতো। তো আমি একদিন আমার পাশে বসে একটা ছেলে খাচ্ছে তাকে জিজ্ঞাসা করলাম ভাই তুই সিগারেট খাচ্ছিস কেন?

এমনি খাচ্ছি নিজেকে মর্ডান দেখানোর জন্য।

আরে তুইও খা এখনকার দিনে এটা ট্রেন্ড। সবাই করে আরে এটা না খেলে আবার পুরুষ মানুষ। আর তাছাড়া এটা না খেলে না ইনজয় করা যায় না।

মর্ডান হতে গেলে সত্যি সিগারেটটা খেতে হবে?

আসলে একদম না।

নিজেকে অন্যদের চেয়ে বা অন্যদের মতো দেখানোর জন্য তুই সিগারেট খাচ্ছিস।

না ওটা তোর প্রয়োজন আর না মডেল হওয়ার জন্য এটা দরকার।

এখন কলেজে পড়াশোনা করছিস তো তাই এরকম মনে হচ্ছে কদিন পর যখন বড় হবে আর যখন এটাকে ছাড়তে পারবি না তখন বুঝতে পারবি। এটা কখনোই ট্রেন্ড ছিলনা।

আর তখন দেখবি আর এটা ছাড়তে পারছিস না অনেকটা দেরি হয়ে গিয়েছে।

যার ফলে আমি আজ অব্দি কখনোই সিগারেট বিড়ি খাই নি, কারন আমার কেনো যেনো মনে হতো একটা নিজের মধ্যে ভাল গুন রাখিনা।

তার মানে যারা খায় তাদের আমি ছোট করছি না।

ঠিক এই ভাবে আমরা নিজেকে সবসময় ভুয়া ভাবে তুলে ধরছি।

আমরা নিজেদেরকে এখনকার দিনে প্রত্যেকে নিজেদেরকে সেলিব্রেটি মনে করছি। লোকের সামনে তাদের মত জীবন দেখানোর চেষ্টা করছি। আর শুরুটা ঠিক এখান থেকে হচ্ছে সেই ছেলেটা ভালো ক্যামেরা কিনেছে আমারও দরকার। আপনারা হয়তো বুঝতে পারছেন না। যে না আমরা কখনও সেলিব্রেটি ছিলাম। এখন আমাদের বয়স অল্প তাই নিজেদেরকে সেলিব্রিটি দেখানোর টাইম পাচ্ছি। যখন পাবেন না। যখন আপনি বাস্তবের সম্মুখীন হবেন তখন আপনাকে কতটা খারাপ লাগবে জানেন। আপনি কাদেরকে দেখাচ্ছিলেন। আর সবচেয়ে বড় কথা এই মিথ্যা জীবনটা সবার সামনে তুলে ধরতে গিয়ে আপনি আপনার জীবনটা উপভোগ করাই ছেড়ে দিয়েছেন।

প্রথম কথা আপনার জীবনটা কোথায় কম। কিন্তু আনন্দ পান না কেন জানেন তো। কারণ আপনি নিজের জীবনটা উপভোগ করা বাদ দিয়ে অপরের জীবনটাকে ফলো করার চেষ্টা করছেন।

আরে এখনকার দিনে আমরা সবাই সোশ্যাল ইনফ্লুয়েন্সার হতে চাই মানে ইউটিউবার।

সত্যি?

আর এটা হওয়ার জন্য ভালো ভালো ছেলেগুলো পড়াশোনা ছেড়ে দিয়ে এসব করছেন। আপনার কেন মনে হয় যে পড়াশোনা আপনার স্বপ্ন সফল হতে বাধা দিচ্ছে। সমস্যাটা আসলে এখানে না। আমাদের হাতে যখন থেকে স্মার্ট ফোন এভেলেবেল হতে লেগেছে। তখন থেকে আমরা ফালতু লোকেদের কে নিজেদের আইডিয়াল মানতে শুরু করেছি। আর তারা এখন যা বলছে আমাদের কাছে লক্ষণ রেখার মতো। আরে আপনি যাকে নিজের আইডিয়াল মনে করছেন আগে দেখুন সে নিজে কি করে। সে আপনার আইডিয়াল হওয়ার যোগ্য কিনা। পড়াশোনা আপনার স্বপ্নকে কখনো বাধা দেয় না বরং আপনার স্বপ্নটাকে বাস্তবে রূপান্তরিত করতে সাহায্য করে।

আর তাছাড়া আমরা প্রত্যেকেই প্রত্যেকটা জিনিস করার জন্য তৈরি হয়নি। আমার একটা কে যখন দেখি তখন সেটাকে ফলো করতে লাগে আর ভাবি এটাই আমার জন্য।

ঠিক তখনই আমরা আমাদের জীবনের সাফল্য থেকে সরে যেতে শুরু করি। আরে আমিও এদের মতই ভাবতাম যে প্রত্যেকটা জিনিস প্রত্যেকটা মানুষের জন্য। আর এটা ভেবে আমি গান শিখতে শুরু করি।আর গিটার শিখতে শুরু করি বিশ্বাস করুন আবার চেষ্টার কোন কমতি ছিল না। কিন্তু আমি কোনদিন সিঙ্গার হতে পারব না। আমার গলা ভালো না। আসলে আমি এটার জন্য তৈরি হয় নি।তারপর ভাবলাম আমি একজন মোটিভেশনাল স্পিকার হব। কারণ আমি এটার জন্য তৈরি হয়েছি।

তাই জিনিসগুলোকে বুঝতে শিখুন। নিজের আইডিয়াল কখনোই যাকে-তাকে বানাবেন না। এটা নিয়ে যদি আলোচনা করতে চাই তাহলে পুরো একটা বই লেখা যাবে।

একটা বিষয় না বললেও নয়।

আমরা আজ এতটাই মিথ্যা পৃথিবীর সাথে জড়িয়ে গিয়েছি যে।আমরা নিজেদেরকে সবার সামনে তুলে ধরতে ভয় পায়

বিশ্বাস হচ্ছে না।

আজ আমরা বাস্তব জীবন থেকে সরে গিয়ে মিথ্যা পৃথিবীটাকে সবসময় পছন্দ করছি। আজ আমরা আমাদের আসল সৌন্দর্য কে ফিল্টারের মাধ্যমে ঢেকে রাখছি। আজ আমরা কিছু লাইক কমেন্ট পাওয়ার জন্য নিজের শরীরকে সবার সামনে উন্মুক্ত করছি।

আমরা সব সময় বলি যে মেয়েরা অতিরিক্ত মানের মেকাপ করে?

একবারও ভেবে আমরা দেখেছি তারা কেন অতিরিক্ত মেকআপ করে?

আপনাদের জন্য।

কারণ আমরা কখনোই কাল বা শ্যাম বর্ণের কোন মেয়েকে কখনো ভালোবেসেছি।

আমাদের স্বপ্নে তাদের কখন আমরা জায়গা দিয়েছি। না দিইনি কারণ তাদেরকে আমরা শুধু রূপকথার গল্পের বই

এর মাধ্যমে আবদ্ধ রাখতে চাই। আপনারা বিশ্বাস করুন যে দিন আপনারা ফিল্টারে থাকা মেয়েটার চেয়ে। আসল

ফিল্টার এর বাইরে থাকা মেয়েটাকে পছন্দ করবেন। সেই দিন মেয়েটা ফিল্টার দেওয়া বন্ধ করবে।

আপনারা তো অবাক লাগবে যে আমাদের প্রত্যেকের জীবনের সঙ্গে পৃথিবী জড়িয়ে আছে।

আমাদের এক একটা সিদ্ধান্ত পৃথিবী বদলে দেওয়ার ক্ষমতা রাখে।

তাই আমরা নিজেরা যদি খাঁটি জিনিস চিনতে পারি তাহলে

লোকে আমাদেরকে একটু বেশি দাম নিলেও খাঁটি জিনিস টা দিতে শুরু করবে।

আমাদের উপর নির্ভর করছে আমরা কি করব।

কারণ আমরা যখন মিথ্যা পৃথিবী থেকে আসল পৃথিবীতে প্রবেশ করতে শুরু করব। আমাদের আর কাউকে হারানোর কাউকে দেখানোর ভয় থাকবে না।

আর আমরা ভালো থাকতে শুরু করব।

এই মিথ্যা পৃথিবীর শুরুটা হয়েছে। কিছু মিথ্যা মানুষের দ্বারা। আর আমাদের বুঝার ভুল এর দ্বারা।

এটা তখনই পরিবর্তন করা সম্ভব। যখন আমরা শিক্ষিত হতে শুরু করব। আমাদের সমাজে শিক্ষার গুরুত্ব বাড়তে থাকবে। আমি আপনাকে শিক্ষার গুরুত্ব বদলাতে বলছিনা।

আমি বলছি আপনি নিজেকে শিক্ষিত করে তুলুন। আপনি যদি নিজেকে শিক্ষিত করে তুলতে পারেন। এখানে শিক্ষিত বলতে সত্যিকার অর্থে শিক্ষিতর কথা বলছি আমি। তাহলে আপনি আপনার জ্ঞানের দ্বারা মিথ্যা পৃথিবীতে পা দিবেন না।

আপনি তখনই যারা মিথ্যা পৃথিবীতে বাস করতে পছন্দ করে তাদের তুলে আনতে পারবেন।

এই ভাবেই আমাদের এটা শুরু করতে হবে।

11
নিজের পৃথিবী তৈরি করুন

দেখতে দেখতে শেষ চ্যাপ্টারে আমরা চলে এলাম। আমিও ভাবতে পারিনি যে এতগুলো পাতা আমি লিখে ফেলবো। কেন জানিনা আপনার সাথে আমার একটা সম্পর্ক গড়ে উঠলো তাই শেষ করতে ইচ্ছে করছে না। একটা অদ্ভুত আনন্দের সহিত বিদায় জানানোর চোখের জল বেরিয়ে এলো। এতটা খুলে কখনো আমি কাউকে বলিনি। আপনারা এই বইটা যতবার পড়বেন ততবার মনে রাখবেন। আমি আপনাদের চেয়েও সাধারণ একজন ছেলে। যে আপনাদের মত নিজেকে বদলানোর স্বপ্ন দেখে। নিজেকে নতুনভাবে সমাজের কাছে তুলে ধরতে চায়। আর নিজের জীবনের সত্যিকার অর্থ একটা মানে তৈরি করতে চাই। আপনাদের মতোই আমার আশেপাশের লোকেদের কিছু ভাল করতে চাই। এই বইটা লেখার মাধ্যমে আমি নিজেকে আপনাদের সামনে লেখক হিসেবে পরিচিতি দিতে চাইনা। আমি বলতে চাই আমি আপনার একটা রূপ। যে আপনাকে শুধু কথাগুলো মনে করিয়ে দিতে চাই। আপনার আমি সেই বন্ধু যে আপনাকে আপনার স্বপ্নগুলো কিছুতে সাহায্য করতে চাই। এখন যে কথাগুলো বলব সেগুলো হচ্ছে এই বইটির সবচেয়ে মূল্যবান কথা।

আপনাদের মনে হতে পারে এই অধ্যায়ের নাম আমি নিজের দুনিয়া বানান কেন দিয়েছি?

এতক্ষণ অবধি এই পৃথিবীর সামনে নিজেকে তুলে ধরার কথা বললাম। চলুন না একটা নিজের পৃথিবী তৈরি করি। যেখানে শুধুমাত্র তারাই থাকবে যাদেরকে আমরা ভালোবাসি আর যারা আমাদেরকে ভালোবাসে। প্রত্যেকটা জিনিস বীচের মত হবে। একদম কল্পনার মত।

তাহলে আপনাকে যেটার জন্য তৈরি থাকতে হবে সেটা হচ্ছে এই পৃথিবীর কিছু কঠিন বাস্তবের মুখে সম্মুখীন হতে হবে।

পারবেন তো। সেখানে থাকবে কিছু ব্যর্থতা।

চলুন তাহলে

আপনি জীবনে চলার পথে যত তাড়াতাড়ি এই সত্যটা মেনে নিতে পারবেন যে।

আজ আপনার দিনটা কেমন গেল?

আপনি ভালো আছেন তো?

এই কথাগুলো জিজ্ঞাসা করার মতো লোক আস্তে আস্তে কমতে থাকবে যত আপনি বড় হবেন। আসলে আপনার কি হল না হল তাতে পৃথিবীর কারো কিছু যায় আসে না। তাই কঠিন সত্যটা আপনাকে প্রথমে মানতে হবে। নিজেকে প্রত্যেকদিন কিছু নতুন শিখতে হবে। মানে আপনাকে

প্রত্যেকদিন মনে রাখতে হবে যেন আপনি প্রত্যেকদিন কিছু না কিছু নতুন শেখেন। কারণ আপনি নিজেই যদি না শিখেন। তাহলে লোক আপনার দুনিয়াতে থাকতে চাইবে কেন। আপনাকে নিজেকে আগে শুধরাতে হবে বদলাতে হবে। হয়তো সময় লাগবে অনেকটা সময় লাগবে তা সত্ত্বেও ধৈর্য ধরে নিজেকে বদলাতে হবে। নিজেকে বদলে ফেলুন।

আমাদের দ্বিতীয় যে কঠিন সত্যটা মেনে নিতে হবে সেটা হচ্ছে আমরা যাদেরকে মন থেকে ভালোবাসবো তারা প্রত্যেকে একটা দিন আমাদেরকে ছেড়ে চলে যাবে। তাই আমাদেরকে সব সময় তৈরি থাকতে হবে। আমি আপনাকে কখনোই বলবো না নিজেকে অন্যের কাছে সমর্পন করুন। আমি বলব প্রত্যেকটা মানুষকে ভালবাসুন ততটা যতটা আপনার নিজেকে অপমান নিজেকে ছোট না করে হয়। ঠিক ততটা। তাহলে দেখবেন আপনি কখনোই কষ্ট পাবেন না।

আপনাকে আমি বন্ধু বাছাই করা যে নিয়মগুলো বলেছি সেগুলো ফলো করে যে বন্ধু গুলো আপনি তৈরি করবেন। তারা আপনার সাথে সারা জীবন হয়তো থাকবে না। তাই আবার নিজেকে তৈরি রাখতে হবে। প্রথমে নিজের জীবনের কিছু নিয়ম কানুন তৈরি করবেন। মানে আপনার আশেপাশে ঠিক কতজন মানুষ কি আপনি নিতে চান। মানে মনে করুন যদি আপনি ঠিক করেন যে আপনার জীবনে মাত্র 10 জন বন্ধু থাকবে। তাহলে কোন একজন যদি আপনাকে ছেড়ে চলে যায়। একটা সময় পর্যন্ত তার জন্য অপেক্ষা করবেন। সেই সময়টা অতিক্রম হওয়ার পর সেই জায়গায় বন্ধু বাছাই করার নিয়ম থেকে আরও একজন নতুন বন্ধুকে

ঢুকিয়ে ফেলবেন তার জায়গায়। এই কথাটা শুনতে খারাপ লাগছে তাও এটাই সত্যি। এটা যদি আপনি না করতে পারেন তাহলে আপনি জীবনে কখনো ভালো থাকবেন না। তাই আপনাকে এটা করতে হবে।

প্রয়োজনে-অপ্রয়োজনে ছোটখাটো বিষয়ে ঢুকে পড়বেন না। মানে ধরেন রাস্তায় একটা ঝগড়া চলছে দূর থেকে দেখবেন সেটা আপনার পক্ষে আটকানো সম্ভব কিনা। যদি না হয় তাহলে সেখানে যাওয়ার দরকার নেই। বরং যারা সেটাকে আটকাতে পারবে তাদেরকে ডাকুন। কারণ আপনার মাথার মধ্যে রাখতে হবে আপনি কোন সুপারহিরো নয়। আর আপনি এ ধরনের ছোটখাট ঘটনাগুলোকে যদি দেখতে থাকেন তাহলে আপনি বার বার আঘাত পেতে থাকবেন।

একটু হলেও নিজেকে কঠোর করতে হবে।

আপনাকে জানতে হবে যে সোশ্যাল মিডিয়া আপনার জন্য কতটা দরকার। যদি দরকার না থাকে তাহলে ব্যবহার করা বন্ধ করুন। কারণ আপনি সুখে না থাকার পেছনে এটার সবচেয়ে বেশি। যেমন ধরেন আপনি রাতের বেলায় একটা মোটিভেশনাল ভিডিও দেখে ভাবলেন জীবনে কাল থেকে সবকিছু শুরু করব। মানে ধরেন আপনি একটু মোটা আর আপনি সিদ্ধান্ত নিলেন যে কাল থেকে আপনি দৌড়ানো শুরু করবেন। আপনার এই সিদ্ধান্তটা কতটা ভালো। কিন্তু কাল আপনি যখন সকালে ঘুম থেকে উঠে দেখবেন যে আপনার চেয়েও মোটা একটা বন্ধু সিক্স প্যাক বডি বানিয়ে ফেলেছে। আপনি সঙ্গে সঙ্গে কালকে দেখা মোটিভেশন এর ভিডিওটা আপনার কাছে তুচ্ছ মনে হবে এবং আপনি হতাশায় ভুগতে শুরু করবেন। আপনি একবারের জন্য দেখবেন না যে সে ফিল্টার ব্যবহার করে নিজের সিক্স প্যাক বডি বানিয়েছে। কিন্তু সেই জায়গায় যদি আপনি ফেসবুক অ্যাপ টি ওপেন না করতেন তাহলে এতক্ষণ আপনি আপনার প্রথম দৌড় টা শেষ করে ফেলতেন। তাই প্রয়োজন না থাকলে অ্যাপ গুলোকে আনইন্সটল করে ফেলুন। আপনি এখন যে কাজটা করছেন বা আপনি যদি স্কুল কলেজে পড়েন তাহলে আপনি যেখানে আছেন বা

যেখানে কাজ করছেন। সেখানকার ভুল

ভুল ধরা বন্ধ করুন। আর সেখানকার ভালো দিকগুলোকে ব্যবহার করতে শুরু করুন। আর ভাবুন সেগুলো ব্যবহার করে আপনি কি কি করতে পারেন। তাকে আপনার উপকার আছে। এখানকার সেখানকার ভুল ধরে আপনার লাভ নেই। এখনকার দিনে সোশ্যাল মিডিয়ায় সবাই মোটিভেশনাল স্পিকার। তাই তাদের ভুল ধরা বন্ধ করুন।তাকে দু-একটা কথা যদি আপনার ভাল লাগে বা আপনার মনে হয় যে এগুলো আপনার জীবনে প্রয়োজন আছে। তাহলে সেগুলো নিয়ে বাকিগুলোকে ভুলে যান। আপনার হয়তো এখন মনে হচ্ছে যে সময় আছে আপনার কাছে। আসলে আমাদের কাছে সবচেয়ে যেটা কম সেটা হচ্ছে সময়। তাই সময়ের মূল্য দিতে শুরু করুন। আপনি যদি গেম খেলেন তাহলে আপনি ভুল করছেন। সেই জায়গায় আপনার লক্ষ্যে পৌঁছানোর জিনিসগুলো করেন। তাতে আপনার উপকার আছে। লোকের কথায় মোটেও কান দেবেন না। আপনি নিজের সম্পূর্ণ সবার চেয়ে আলাদা। তাই আপনি যে কাজটা করবেন এতটা ভালোবাসা দিয়ে করবেন।যেন এই কাজটা আপনার চেয়ে

ভালোই কাজ টা কেউ করতে না পারে। এর আগেও কেউ কখনও করেনি। প্রতিদিন কাজ করাটা খুবই দরকার।কারণ আপনি যদি কাজ না করেন তাহলে আপনি কখনোই নিজের সুন্দর একটা দুনিয়া বানাতে পারবেন না।

এখনকার দিনে একটা কথা আছে দেখবেন আমাদের স্বাধীনতা চাই। কিন্তু মনে রাখবেন অতিরিক্ত স্বাধীনতা সব সময় আমাদেরকে বেপরোয়া তৈরি করে। তাই নিজে নিয়ম-নীতির মধ্যে বাঁধুন। এটা আপনার লক্ষ্যে পৌঁছাতে আপনাকে সাহায্য করবে। বন্ধুদের সাথে বেশি আড্ডা মারা বন্ধ করুন। সে জায়গায় কিছু ভালো বই পড়ুন। সময় পেলেই কোথাও ঘুরতে বেরন। তাতে কাজের ফাঁকে নিজেকে একটু চেনার সুযোগ পাবেন। বুঝতে পারবেন যে লোক আপনার চেয়েও কত খারাপ আছে। আপনি কি পৃথিবীতে কতটা দরকার।আর তখন আপনার জীবনটাকে বৃথা নষ্ট করতে খারাপ লাগবে। আমি সবসময় মনে করি আমাদের বাইরে ঘুরতে যাওয়া উচিত তাহলে আমরা বুঝতে পারব যে এই পৃথিবীর তুলনায় আমরা কতটা তুচ্ছ।

যার ফলে আমাদের মনের মধ্যে যদি বিন্দুমাত্র অহংকার থাকে তাহলে তা নষ্ট হয়ে যাবে।

নিজেকে এমন বানান যেন আপনার সাথে থাকা প্রত্যেকটা মানুষ আপনি যখন তাদের ছেড়ে চলে যাবেন তারা আপনাকে সবচেয়ে বেশি মিস করে। তারা যেন বলে আমার একটা বন্ধু ছিল। সত্যি খুব ভালো।

তবে আপনার জীবন সার্থক। তখনই আপনি আপনার আসল টাকে খুঁজে পাবেন। নিজেকে কখনো বদলাবেন না।

অবাক লাগছে তাইনা। যে পুরো বই ধরে আমি আপনাদের বদলাতে বললাম আর শেষ পর্বে এসে বলছি বদলাতে হবে না।

আমি আপনাদের সেরকম বদলাতে বলছিনা। দেখবেন আমরা জীবনে স্বপ্ন দেখি কোন কিছু করার তখন আমাদের উদ্দেশ্য কখনো খারাপ হয় না। আরো পরিস্কার করে বুঝিয়ে বলি

মানে ধরেন আপনি যদি একজন ভালো অফিসার হতে চান প্রথমে যখন আপনি ভালো অফিসার হতে চান তখন আপনার উদ্দেশ্য থাকে যে আপনি ওই চেয়ারটায় বসে যেন

সব সময় মানুষের ভালো করতে পারেন। কিন্তু যখন আমরা সেই চেয়ারটা পেয়ে যায় বা সেই স্বপ্নটা পূরণ করে ফেলি। তখন আমরা আমাদের আসল উদ্দেশ্য ভুলে গিয়ে ওই চেয়ারটার মাধ্যমে

নিজেদের স্বার্থসিদ্ধি করতে শুরু করি। যার ফলে আমরা ভুল পথে চলতে শুরু করি। আমাদের মনের মধ্যে ভয় হতে শুরু করে ধরা খাওয়ার ভয়। আর তখন আমরা ভালো থাকতে ভুলে যাই। কিন্তু আপনি একবার ভেবে দেখুন যখন আপনি আপনার স্বপ্নটা সম্পূর্ণ করে ফেলেন। আর আপনার উদ্দেশ্য গুলি তখনও আগের মত থেকে গেল। তাহলে দেখেন আপনি একটা সুন্দর পরিবেশ তৈরি করতে পারতেন। একরাশ মানুষের ভালোবাসা পেতেন। আপনার মধ্যে সেই সাহসী সত্যটা জাগ্রত হত। আর আপনি তখন ভালো থাকতে শুরু করতেন।

তাই না?

দেখবেন জীবনে চলার পথে আপনাকে অনেক মানুষ অনেক কষ্ট দিবে, অনেক সময় অনেক আঘাত ও পাবেন আপনি। কিন্তু তাদের ক্ষমা করে দিবেন। কারণ মনে রাখবেন জীবনে চলার পথে অনেক মানুষ আপনার জীবনে আসবে তাদের মধ্যে কিছু মানুষ আপনাকে অনেক কষ্ট দুঃখ দেবে। আর কিছু মানুষ আপনাকে ভালবাসতে শেখাবে। সুন্দর কিছু মুহুর্ত দেবে। তাই তাদের থারাপ দিক গুলো ভুলে গিয়ে যারা আপনাকে ভালো মুহুর্ত দিয়েছে তাদের এই মুহুর্তগুলো নিয়ে সামনের দিকে এগিয়ে যান। আপনি অনেক ভাল থাকবেন। আপনি তাদের যদি ক্ষমা করে দিতে পারেন। তাহলে দেখবেন তারা একদিন যখন তাদের ভুল বুঝতে পারবে তখন আপনাকে তারা সবচেয়ে ভালবাসবে। তাদের কাছে আপনি কোন সুপার হিরো চেয়ে কম হবেন না।

এটা পৃথিবীর এখানে আমরা সারাজীবন থাকতে আসিনি। তাহলে কিসের এত রাগ অভিমান। পৃথিবীতে এতগুলো মানুষ আছে যদি আপনি প্রত্যেকদিন একজনের সঙ্গে মিশতে শুরু করেন তাহলে আপনার জীবন পার হয়ে যাবে। কিন্তু পৃথিবীতে মানুষ হবে না। তাই কারো উপর রাগ করে কি লাভ তারচেয়ে বরং তাকে ভুলে গিয়ে নতুন একজন

মানুষের সঙ্গে মেলামেশা করুন।

সব সময় সীমিত কিছু মানুষের সঙ্গে মিশবেন না। মাঝেমধ্যে নতুন নতুন মানুষের সঙ্গে মেলামেশা করবেন তাহলে আপনার অতীত ভুলতে তারা সাহায্য করবে। আপনি নিজেকে নতুনভাবে লোকের সামনে তুলে ধরতে পারবেন। তাতে আপনার অনেক উপকার।

আর আমরা এইসব এর মাধ্যমে একটা সুন্দর পৃথিবী গড়ে তুলতে পারি। আমিতো গড়ে তুলতে চাইছি আপনাদের হাতটা দরকার। চলুন আমরা সবাই মিলে সুন্দর একটা ছোট ছোট করে বদলে ফেলি সমাজটাকে। আমরা হয়তো পৃথিবীর সবচাইতে ধনী ব্যক্তি হতে পারব না। কিন্তু আমাদের আশেপাশে থাকা দশ জন মানুষের মধ্যে একজন তো হতে পারব। কারণ সেটা আমাদের হাতের মধ্যে আছে।

সমাজে আপনার মত একটা ভালো মানুষের সত্যি দরকার তাই নিজেকে নষ্ট করে ফেলবেন না। যেতে তো ইচ্ছা করে না কিন্তু শেষ তো করতেই হবে। কারণ প্রত্যেকটা জিনিসের শেষ আছে। আরো ভালো করে বললে যার শুরু আছে তার শেষও আছে। তাই এখানেই শেষ করলাম। এটা আমার প্রথম বই তাই আমার সেভাবে অভিজ্ঞতা নাই। এর মাঝে যদি আমি কখনো আপনাদের কষ্ট দিয়ে ফেলি। তাহলে আমাকে ক্ষমা করে দেবেন। আসলে আমি আপনাদের বলতে ভুলে গিয়েছি আমার নাম The MOMI না না এটা আমার লোককে দেখানোর জন্য। কিন্তু আপনারা আমাকে মমিনুল বলে ডাকতে পারেন। আমি সাহিত্য নিয়ে পড়াশোনা করিনি তাই আমার ভাষাগত জ্ঞান ও তেমন নেই। ভুলক্রটি হলে অবশ্যই ক্ষমা করে দেবেন। আর আপনাদের যদি জীবনে কোন সমস্যা হয় তাহলে অবশ্যই আমাকে মেসেজ করে জানাতে পারেন

আমি আপনাদের পার্সোনালি একজন বন্ধু হিসাবে সেগুলো সমাধান করার চেষ্টা করব। আমার তো নাম্বার দিতে ইচ্ছে করছে আপনাদেরকে। ঠিক আছে আপনার একটা কাজ করবেন আপনারা আমাকে @mominul_amin মেসেজ করে জানাবেন। আমি উত্তর দিয়ে দেবো।

ভালো থাকুন, সুস্থ থাকুন, নিজের খেয়াল রাখবেন,

বিশেষ অনুরোধ

নিজেকে ভাল রাখবেন। নিজের পরিবারের খেয়াল রাখবেন। সেই মানুষগুলোর জন্য বাঁচবেন যে মানুষগুলো আপনাকে মন থেকে ভালবাসে। যে মানুষগুলো মনে করে আপনি তাদের জীবনে অনেক কিছু তাদের কখনোই নিরাশা করবেন না।
মমিনুল আমিন